余命三年時事日記
ハンドブック

YOMEISANNEN
JIJINIKKI
HANDBOOK

余命プロジェクトチーム 著

青林堂

はじめに

拙ブログ「余命三年時事日記」（余命ブログ）の書籍版として前著『余命三年時事日記』が上梓されたのが２０１５年12月17日であった。それからわずか３カ月で本書『余命三年時事日記ハンドブック』の刊行である。このような〝緊急出版〟を行なったのは、もちろん理由がある。

前著は約２０００ページにも及ぶ余命ブログを10分の１まで圧縮して編集したものである。限られた紙幅の中に多くの重要情報を盛り込んだ内容になっていると自負している。

だがその反面、余命ブログの読者には当たり前のことであっても、ブログ未読の新規読者にはわかりにくい部分がかなりあったようだ。ネット書店の読者レビューなどでは概《おおむ》ね好評のようだが、その一方で「意味がよくわからない」「自分には難解だった」という感想も散見された。韓国や在日などについて一定の知識があることを前提に書かれているため、一部の読者にはやや敷居が高い内容になってしまったことは否《いな》めないのだ。

そこで韓国・在日問題の初心者に向けて、前著や余命ブログを読むための前提となる「知識」と、そして何より「意識」を共有してもらうことを目的に、本書『余命三年時事日記ハンドブック』が急遽《きゅうきょ》企画されることになったのである。「より多くの日本人に向けて情報を拡散させる」という戦略目標に合わせて、カスタマイズされたのが本書というわけだ。

前著でも在日特権、外患罪、官邸メールについて述べるなど、在日や反日勢力には堪《こた》える内容であったが、本書はさらに彼らにとってキツイ内容になっている。ここで記されていること自体は単なる事実の羅列《られつ》に過ぎないのだが、このひとつひとつを多くの日本人が知った時どういう事態になるかは、彼ら自身が一番よくわかっているはずだ。

本書を読めば民主党に投票する日本人はいなくなるだろう。共産党も同様だ。自衛隊や警察機動隊の重武装化が進み、国内治安に対する法整備も完成しつつある。今年（２０１６年）７月の参院選は在日や反日勢力への徹底した監視選挙になるから、民主や維新がどう看板を掛け替えようと惨敗する可能性が高いが、確実に引導を渡さなければならない。

さらに本書では「スヒョン文書」「花王文書」などを取り上げているが、おそらく全文が掲載されるのは初めてではないだろうか。これはTwitterやブログのような一過性のものとは違い、本という形で記録されて残るのだ。そして書店に並ぶことで衆目に晒《さら》されることになる。在日にとってまさに最悪の本といっていいだろう。

本書『余命三年時事日記ハンドブック』も前著と同様に、「日本を取り戻す」ための大きな一助になると確信している。

目次

第1章　在日韓国・朝鮮人の正体

——日本人虐殺の歴史と「在日特権」

在日韓国・朝鮮人の正体

そもそも「在日」とは何か

「余命プロジェクトチーム」とは、初代余命が遺《のこ》した「日本再生計画」を引き継ぎ、それを広報するために生まれた集団である。その最終目標である「日本再生」に到るための欠かせない重要事項のひとつ、それが「在日問題」の解決である。

　在日問題とは何か？　日本再生になぜ在日問題の解決が必要なのか？　そもそも在日とは何なのか？　余命ブログの読者であれば自明《じめい》のことであり、今さら何の説明も必要としないだろう。だが本書はネット民以外への拡散を目的としているので、初めて在日問題に触れる読者に向けて、基本的なことから説明していきたいと思う。

　法務省「在留外国人統計」２０１５年６月末統計によれば、日本に滞在している韓国・朝鮮人、いわゆる「在日」の人口は49万７７０７人と

初代余命
満州生まれ。HN「かず」を名乗り、ブログ「余命三年時事日記」を始める。平成25年（２０１３年）死去。現在ブログは余命プロジェクトチームが引き継いでいる。

「余命三年時事日記」
http://yh649490005.xsrv.jp/public_html/

なっている。韓国、北朝鮮という反日国家の国民が、この日本になんと約50万人も存在しているのだ。

　この約50万人の在日のうち特別永住資格を持つ者が約35万人、それ以外の約15万人が一般永住資格、あるいはビジネス、留学、日本人・永住者の配偶者、などの様々な在留資格で日本に滞在している。つまり一口に在日といっても様々で、併合時代から日本に住み続けている人もいれば、仕事や留学などで来日して数年で帰国する人なども大勢いるわけである。

　読者の多くがイメージしていると思われる「在日」――日本人と変わらぬ流暢《りゅうちょう》な日本語を話し、通称名で日本人のフリをして、数世代（すでに在日6世まで誕生している！）に渡って帰国も帰化もせずに韓国籍・朝鮮籍のまま滞在し続けている異常な外国人集団――は、この約35万人の特別永住資格で日本に滞在している在日たちである。

　そして彼らこそが、いわゆる「強制連行」で日本にムリヤリ連れてこられたと主張していた在日とその子孫である。自《みずか》らを「強制連行の被害者（の子孫）」「差別されている弱者」であると主張して日本人を責め立

特別永住資格
1991年に施行された「日本国との平和条約に基づき日本の国籍を離脱した者等の出入国管理に関する特例法」（入管特例法）により定められた在留資格。ほぼ無条件で子々孫々に到るまで日本に滞在し続けることができる「在日特権」である。さらに犯罪を犯しても国外退去処分になることがほとんどないなど、様々な優遇措置がある。

一般永住資格
外国人が日本での永住を希望する場合、入国管理局に永住許可申請を出して審査を受ける必要がある。審査基準は「素行が善良であること」「独立の生計を営むに足りる資産又は技能を有すること」「その者の永住が日本国の利益に合すると認められること」とされている。

て、または暴力的手段を用いて、いわゆる「在日特権」と呼ばれる数々の優遇措置《そち》を獲得してきたのだ。

「強制連行被害者」を詐称

結論からいってしまうと「在日は強制連行被害者とその子孫」という主張は真っ赤な嘘《うそ》である。

「強制連行」とは「第二次世界大戦中に日本政府によって、朝鮮人が朝鮮半島から日本本土に強制的に労務動員されたこと」とされている。この労務動員というのは具体的には「徴用《ちょうよう》」のことである。

国家総動員法（１９３８年制定）に基《もと》づき１９３９年に日本本土では国民徴用令が発令された。これは日中戦争の激化・長期化に伴い、深刻な労働者不足が起こったために採られた措置であった。これによって多くの日本国民が動員されて、建設現場や軍需《ぐんじゅ》工場などでの労働に従事することになった。

一方、朝鮮半島では戦争末期の１９４４年９月になるまで国民徴用令が適用されることはなく、１９４５年３月までの実質７カ月間しか実施

国家総動員法
１９３８年に第１次近衛内閣で制定された法律。戦争遂行のため国内のあらゆる人的・物的資源を政府が統制・運用できるよう規定したもの。終戦後の１９４６年に廃止された。

朝鮮人の徴用
戦争末期の日本軍は、日本近海の制海権も維持できなくなっていた。１９４５年３月に関釜連絡船の運航が停止されたことで、朝鮮人労務者の移送も不可能となった。朝鮮人の徴用は実質７カ月間で終わったのだ。

されなかった。１９４４年９月から１９４５年３月までの７カ月間に徴用で日本に来た朝鮮人の総数は、諸説があるが20万～30万人程度といわれている。彼らについてはたしかに国家の強制力の下《もと》に集められ、労働を強《し》いられたことは間違いない。しかし徴用は国民徴用令に基づく当時の国民の義務であり、これを強制連行と呼ぶのであれば、現在の韓国で行なわれている徴兵も強制連行と呼ばなければならなくなる。徴税も強制徴収と呼ぶことになるのだろうか。まったく馬鹿げた話である。

　日本帝国において朝鮮人の徴兵が始まったのは戦争末期の１９４４年になってからであり、そのほとんどが戦地へ出征《しゅっせい》する前に訓練の途中で終戦を迎えている。徴兵された朝鮮人で戦死した人はほとんどいないのである。当時の朝鮮人は日本国民であったが、本土の日本人と比べて不当に差別されるどころか、逆に徴用でも徴兵でも格段に優遇されていたのだ。たとえばイギリス軍などでは、殖民地のインド人などを徴兵して最前線で戦わせており、多くの戦死者が出ているのだが、朝鮮人の恵まれた待遇とは好対照であるといえるだろう。

朝鮮人の徴兵
志願兵制度については１９３８年から始まっている。多くの朝鮮人が日本軍への入隊を志願して殺到し、１９４２年には60倍を超える倍率となっている。２００人以上の志願者が血書を提出しており、中には入隊が認められなかったため自殺した朝鮮人青年まで現れたという。

「被害者」として優遇措置を要求

先に述べたように、徴用を強制連行と言い換えることは本来おかしいのだが、仮に徴用＝強制連行だと認めたとしても、それでも在日が強制連行の被害者（の子孫）であるとは認めることはできない。

1959年7月13日付『朝日新聞』に、「現在、登録されている在日朝鮮人は総計61万人で、関係各省で来日の事情を調査した結果、戦時中に徴用労務者としてきた者は245人にすぎず、現在、日本に居住している者は犯罪者を除き、自由意思によって在留したものである」という外務省発表を伝える記事が掲載されている。徴用によって日本に来た朝鮮人のほとんどは当時すでに朝鮮半島に帰っており、在日の99・9％が徴用（強制連行）とは無関係であることが、外務省の調査によって明らかとなっているのだ。在日の正体は、より良い生活を求めて故郷を捨てて、自分の意思で日本にやって来た出稼ぎ者（の子孫）に過ぎないのだ。

在日は近年まで「自分たち在日は強制連行の被害者とその子孫である」という悪質なプロパガンダを行なってきた。「日本人は強制連行被害者である在日に謝罪しろ！」「強制連行被害者なのだから税金など払

強制連行
「徴用」だけでなく「官斡旋」も強制連行に含まれるとする主張もある。「官斡旋」とは1942年から朝鮮総督府が行なった労働者の募集・斡旋事業のことである。もちろん強制性はなく、現在のハローワークに相当する事業内容でしかない。

う必要はない！」「強制連行被害者なのだから多少の優遇措置（＝在日特権）は当たり前だ！」などと、自分たちを「被害者」と規定して道義的優位性を振りかざして「加害者」である日本人を断罪し、「在日特権」を要求してきたのだ。

セウォル号事件遺族と在日

２０１４年の韓国フェリー転覆《てんぷく》事故、いわゆる「セウォル号事件」で亡《な》くなった高校生の遺族たちがモンスター化し、「遺族に捜査権と起訴権を与えろ」「政府が遺族の生活を生涯保障しろ」さらには「生き残った生徒だけでなく、系列の中学も含めた全生徒を受験で優遇しろ」など、要求が際限なくエスカレートしているそうだ。韓国社会では「絶対善である被害者は絶対悪である加害者に対して、どのような要求を突きつけても構わない」という考え方があるという。つまり在日はセウォル号事件の遺族がやっているようなことを、つい最近まで数十年に渡ってこの日本で日本人に対して繰り返してきたというわけだ。もっともフェリーの転覆事故は実際に起こっているので被害者が実在するが、「在日は強

セウォル号事件
２０１４年４月16日、韓国の大型フェリー船「セウォル号」が、全羅南道珍島郡の観梅島沖海上で転覆・沈没した事件。乗客・船員４７６人のうち死者・行方不明者が３０４人という大惨事となった。管理体制の杜撰さに加え、乗客の避難誘導を行なわずに船長・船員が真っ先に逃げ出していたことが露見している。

制連行の被害者」というのはまったくの嘘なのだから、在日の悪質さは際立《きわだ》っているといえるだろう。

繰り返すが、在日の正体とは、自分の意思で日本にやって来た出稼ぎ者（の子孫）に過ぎない。在日が日本に居座り続けるための口実、さらには日本人から譲歩を引き出すための武器とするために、「強制連行の被害者」という嘘話をつくり上げたのだ。

ネット時代になって真実が広く知られるようになるまでは、多くの日本人が強制連行の嘘に騙《だま》され続けてきた。強制連行されてきたという在日に同情したり、負《お》い目《め》を感じたりしていた日本人もかつては少なくなかったのだ。お人好しの日本人は、まさか在日が嘘の罪状で日本を非難しているとは、まったく夢にも思わなかったのだろう。在日自身も強制連行の嘘がばれつつあることを自覚しているようで、最近は強制連行の被害者を自称することは少なくなってきている。だが数十年の長きに渡って日本人を騙し、嘘の罪状で断罪して土下座させてきたことを謝罪も総括《そうかつ》もせずに逃げようというのは、ちょっと虫が良すぎるのではないだろうか。

強制連行の嘘

民団も総連も強制連行の嘘で数十年に渡って日本人を騙してきたことについて、現在に到るまで一度も謝罪したことはない。今でも多くの在日は「強制連行」を手放すのは惜しいと考えているようで、「植民地支配下での貧困が原因で日本に移住せざるを得なかったのだから、これは広義の強制連行である」などと主張する者まで現れている。「強制連行」を否定することは「被害者」としての在日のアイデンティティの崩壊を意味するため、どうしても認めたくないのだ。

在日がこのまま強制連行の被害者という嘘をなかったことにして、逃げ切ってしまう可能性は高いといわざるを得ない。なぜなら過去に似たような実績があるからだ。在日が「強制連行の被害者」を自称するのを本格的に始めたのは1960年代からであり、それ以前の在日は「戦勝国民」を自称していたのだ。

在日による略奪・暴行・虐殺

1945年8月、日本政府はポツダム宣言を受諾《じゅだく》し、アメリカをはじめとする連合国に対して降伏することになった。だが朝鮮人は敗戦国民となることを嫌い、日本が戦争に敗北したその瞬間、朝鮮人は日本人に対して牙《きば》を剥《む》いて襲い掛かった。朝鮮人は自らを「戦勝国民」であると称し、敗戦国である日本の法律に従う必要はないとして、略奪、暴行、殺人、強姦などを日本各地で繰り返したのだ。昨日まで同じ日本国民だった日本人を「敗戦国民」「三等国民」であるとして、徹底的に貶《おとし》め、暴行、虐殺《ぎゃくさつ》などを行なった。敗戦によって日本軍は解体され、警察力も弱体化して治安維持が困難となっており、旧陸軍の小銃や拳銃などで

戦勝国民
朝鮮人は「戦勝国民として治外法権的特権を有する」と称して、略奪、暴行、殺人、強姦、土地占拠など、暴虐の限りを尽くした。日本全国で暴れまわる朝鮮人に手を焼いたGHQは「朝鮮人等は戦勝国民に非ず、第三国人なり」と声明を出した。

武装した朝鮮人のやりたい放題になっていたのだ。

以下は当時、朝鮮人が起こした凶悪事件のうち、特に有名なものを一部挙げておく。

・生田警察署襲撃事件（１９４５年12月24日、１９４６年１月９日）

兵庫県の生田警察署に拳銃などで武装した約50人の朝鮮人が乱入して立てこもる。生田警察署は進駐軍《しんちゅうぐん》の協力を得て鎮圧《ちんあつ》した。

・直江津駅リンチ殺人事件（１９４５年12月29日）

朝鮮人３人組が満員列車の窓を割って強引に乗車しようとした。それを拒《こば》んだ日本人乗客を引きずり降ろし、鉄パイプなどで撲殺《ぼくさつ》した。

・富坂警察署襲撃事件（１９４６年１月３日）

東京都小石川区の富坂警察署に逮捕された朝鮮人強盗犯の釈放を求め、約80人の朝鮮人が署内に乱入。警察官に暴行を加え、警察署を占拠した。

・長崎警察署襲撃事件（１９４６年5月13日）
闇市《やみいち》の取締り、検挙を行なった長崎警察署に対し、約２００人の朝鮮人などが襲撃をかけた。警察官１人が殺され、10人が重軽傷を負った。

・富山駅前派出所襲撃事件（１９４６年８月５日）
約30人の朝鮮人が、仲間が逮捕・拘留《こうりゅう》されている富山駅前派出所を襲撃。警察官１人が負傷させられた。

・坂町事件（１９４６年9月22日）
闇米の取り締まりをしていた警察官８人に約50人の朝鮮人などが襲い掛かり暴行を加えた。

・尾花沢派出所襲撃事件（１９４７年10月20日）
朝鮮人集団が山形県の尾花沢派出所に乱入。派出所内を破壊し、警察官３人に重軽傷を負わせた。

闇米
多くの朝鮮人は配給担当の職員を脅迫するなどして、日本人の2〜3倍の量の米を受け取っていた。さらに武装して日本各地で農家などを襲って米を略奪した。朝鮮人はそれら不法な手段で集めた米を闇市に流して、莫大な利益を得ていたのだ。

神奈川税務署員殉職事件
戦後の食糧難、米不足によって日本人は飢餓状態にあったが、多くの朝鮮人は配給担当の職員を脅して日本人の2〜3倍の米を得ていたため、逆に米が余っていた。その余った米で違法な密造酒を製造する朝鮮人が後を絶たなかった。
１９４７年6月23日、朝鮮人集落の密造酒を取り締まっていた神奈川税務署の端山豊蔵（間税課長）は、朝鮮人から集団暴行されて殉職している。当時は日本各地で税務署員が朝鮮人に襲われる事件が多発していた。

・阪神教育事件（１９４８年４月14日～26日）

朝鮮学校の存続を要求して大阪城前に集結した約７０００人の朝鮮人などが暴徒化し、大阪府庁を占拠、破壊。警察官31人に重軽傷を負わせた。

・益田事件（１９４９年１月25日）

島根県美濃郡益田町の朝鮮人集落で、密輸物資を押収《おうしゅう》しようとした警察官らに約１００人の朝鮮人が襲い掛かり、捜査を妨害した。

・枝川事件（１９４９年４月６日～13日）

朝鮮人窃盗《せっとう》犯を逮捕しようとした刑事２人を、約50人の朝鮮人が取り囲んで集団リンチを加え、瀕死《ひんし》の重傷を負わせた。

・本郷事件（１９４９年６月２日～11日）

福井県本郷派出所を約70人の朝鮮人が襲撃。救援に駆けつけた警官隊に約２００人の朝鮮人が襲い掛かり、多数の警察官が負傷させられた。

阪神教育事件

大阪府と兵庫県で発生した在日朝鮮人と日本共産党による大規模テロ事件。日本国憲法下で唯一の非常事態宣言が布告された。朝鮮人によって大阪府庁が占拠・破壊された翌日には、兵庫県庁も朝鮮人集団に占拠・破壊され、多数の負傷者が出ている。さらに朝鮮人は兵庫県知事を監禁・脅迫して、朝鮮学校の存続、朝鮮人犯罪者の釈放などを強要した。警察は米軍の力を借りてようやく鎮圧することができた。

・長田区役所襲撃事件（１９５０年11月20日～27日）
生活保護などを要求する約２００人の朝鮮人が区役所に乱入し警官隊と乱闘。約９００人の朝鮮人が朝鮮学校に武装して集結し警官隊と衝突。

・王子朝鮮人学校事件（１９５１年３月７日）
犯罪捜査のため東京朝鮮中高級学校を訪《おとず》れていた警察官を、約１７００人の朝鮮人が襲撃。警察官28人が重軽傷を負わされた。

・下里村役場事件（１９５１年10月22日）
兵庫県加西郡の下里村役場に押しかけた約２００人の在日が生活保護などを要求し、職員を取り囲んで集団暴行を加えた。

・半田・一宮事件（１９５１年12月３日～11日）
愛知県の半田税務署に朝鮮人集団が乱入し税務署長らを監禁《かんきん》。半田市役所、名古屋市港区役所、一宮税務署、名古屋市役所なども襲撃を受けた。

生活保護
多くの朝鮮人は暴力的手段で職員を脅迫するなどして、強引に生活保護を認めさせていた。その結果、在日の生活保護受給者数は、１９５５年には約14万人にまで激増し、在日の生活保護受給率は24・１％に達した。これは在日の４人に１人が生活保護受給者という驚くべき状況だが、もちろんその多くが不正受給者だったのだ。

・日野事件（１９５１年10月18日）
滋賀県蒲生郡日野町に朝鮮人集団が集結し、違法デモを強行《きょうこう》しようとして警官隊と激突。多数の警察官が重軽傷を負わされた。

・木造地区警察署襲撃事件（１９５２年２月21日〜23日）
傷害容疑で逮捕された朝鮮人の釈放を求め、約70人の朝鮮人が青森県木造地区警察署を襲撃。多数の警察官が負傷させられた。

・田川事件（１９５２年４月19日）
殺人容疑などで逮捕された朝鮮人の釈放を求め、朝鮮人集団が福岡県田川地区警察署に乱入。警察官７人が負傷させられた。

・血のメーデー事件（１９５２年５月１日）
北朝鮮旗を翻《ひるがえ》した数千人の朝鮮人らを先頭とする数万のデモ隊が皇居前広場に突入。警備の警官隊と乱闘になり、多くの死傷者を出した。

第三国人
日本に居留する朝鮮人などを指して用いた呼称。GHQが「朝鮮人等は戦勝国民に非ず、第三国人なり」と声明を出し、新聞などでも使われるようになった。朝鮮人が日本各地で略奪、暴行、殺人、強姦などを繰り返したことで、「第三国人」は恐怖と憎悪の代名詞となった。しかし現在の在日は、「第三国人」は差別用語でヘイトスピーチであると主張している。

・広島地裁事件（１９５２年5月13日）

広島地裁で放火の容疑で逮捕された朝鮮人４人の裁判中、傍聴《ぼうちょう》していた約２００人の朝鮮人が法廷を占拠。朝鮮人被告４人は逃走した。

・新宿駅事件（１９５２年6月25日）

新宿駅東口に集結した朝鮮人のデモ隊が暴徒化し、駅や派出所を火炎瓶《かえんびん》で放火するなどし、警備の警官隊と衝突した。

・大須事件（１９５２年7月7日）

名古屋市の大須球場周辺で約１０００人の朝鮮人が暴徒化。警官隊を火炎瓶や硫酸《りゅうさん》などで攻撃し、さらに警察車両などに放火した。

　終戦から数年の間、朝鮮人は日本各地で暴れまわった。朝鮮人による略奪や暴行、殺人、強姦は日常茶《さ》飯《はん》事《じ》であったのだ。金品だけでなく土地を奪われた日本人も少なくなかった。若い男性の多くが徴兵されて外地に出征しており、終戦直後の日本は女性や子供しかいない家も多かった。朝鮮人はそんな夫や父親がいない家を狙って襲撃し、妻や娘を強姦した上で叩き出し、あるいは殺して金や土地を奪ったのだ。多くの駅前の一等地などは朝鮮人によって不法占拠された。駅前にパチンコ屋が多いのは偶然ではないのだ。

もちろん日本本土だけではなく、朝鮮半島でも朝鮮人は日本人に牙を剥いて襲い掛かった。土地や財産を奪われるのは当たり前で、多くの日本人が虐殺、強姦の被害に遭《あ》った。朝鮮半島から逃げてきた女性の多くが強姦されており、妊娠している女性も少なくなかった。

当時、堕胎《だたい》は違法行為だったが、あまりにも多くの女性が強姦されて妊娠していたため、超法規的に二日市《ふつかいち》保養所が設置されて堕胎手術が行なわれた。この二日市保養所だけでも数百人の日本人女性が堕胎手術を受けており、強姦被害者の総数はおそらく数千人規模であったのではないだろうか。

「戦勝国民」から「強制連行被害者」に

当然ながら日本人は朝鮮人を強く憎むようになった。多くの日本人に

朝鮮人による土地占拠

終戦からしばらくの間、日本各地で朝鮮人による土地の不法占拠が頻発した。武装した朝鮮人によって日本人は自分の土地から叩き出され、抵抗する日本人は半殺し、または殺害されたのだ。多くの駅前一等地なども不法占拠され、パチンコ屋、飲み屋、風俗店などになった。戦後の混乱期が過ぎると朝鮮人は何食わぬ顔で自分の土地として登記し、そのまま現在に到っている。２００５年５月24日付『朝日新聞』のインタビュー記事でアサヒビール元社長の瀬戸雄三は、神戸の親類の土地１５００坪が朝鮮人に奪われたと証言している。

とって在日は恐怖と憎悪《ぞうお》、そして侮蔑《ぶべつ》の対象となっていったのだ。終戦直後の混乱が収まって治安が安定してくると、武装して「戦勝国民」を名乗って、略奪や強姦などやりたい放題に暴れることも難しくなってきた。そのため、多くの在日は日本名（通称名）を名乗るようになった。朝鮮人のならず者イメージは定着してしまっており、自業自得《じごうじとく》ではあるが朝鮮名のまま日本で生活するのはさすがに気まずかったのだろうか。当時の在日の人口は60万人で、それに対して日本人の人口は1億人である。まともに正面から戦えば、そもそも勝負にならないのだ。

戦後の混乱期に「戦勝国民」を名乗って暴れまわったことを、在日は反省して謝罪するべきだった。しかし在日が選んだ道は「戦勝国民」を自称する代わりに、新たに「強制連行の被害者」を自称することだった。以前は「我々在日は戦勝国民だから日本人はいうことを聞け！」と叫んでいたのが、今度は「我々在日は強制連行の被害者だから日本人はいうことを聞け！」と叫ぶようになったのだ。つまり時代に合わせて看板を替えただけで、彼らの体質は何も変わっていないのである。

次は「ヘイトスピーチの被害者」か

在日はマスコミなどを使って、「強制連行されて日本に来た被害者」「不当な差別を受けている弱者」などと宣伝し始めた。当初は相手にされなかったが、やがて戦後が遠くなり、戦中や終戦当時を知らない世代が増えてくると、多くの日本人は「強制連行の被害者」で「差別されている弱者」である在日に対して、罪悪感を持つようになっていったのだ。

そして現在、「強制連行の被害者」という嘘がばれてくると、今度も在日は反省や謝罪をすることもなく、「強制連行の被害者」という看板をこっそり降ろして逃げ切ろうとしている。「戦勝国民」の看板を降ろして逃げ切った実績があるのだから、今度も問題ないと考えているのだろう。

そして次の看板はどうやら「ヘイトスピーチの被害者」のようである。今度も時代に合わせて「我々在日はヘイトスピーチの被害者だから日本人はいうことを聞け！」にアップデートされるわけだ。在日はどこまで日本人を舐《な》めているのかと怒りを感じる読者もいるかもしれないが、これまでの経緯を見れば舐められても仕方ないだろう。

在日による歴史隠蔽

戦後の混乱期が終わり、日本人から復讐されるのではないかと恐れた在日は、「強制連行の被害者」「差別されている」と主張して、言論封殺工作に乗り出した。在日が武装蜂起して略奪、暴行、殺人、強姦、土地占拠などを行なった事実を報じないように、マスコミに圧力をかけたのだ。教育の場でもこの歴史事実を教えることはタブーとなった。日本人は「被害者」としての記憶を奪われて、いつの間にか「加害者」にされてしまったのである。

「戦勝国民」として武装蜂起《ほうき》して金品・物資略奪、土地強奪、そして違法な闇市などで莫大《ばくだい》な利益を得た在日は、次に「強制連行の被害者」として、いわゆる「在日特権」の獲得に乗り出すことになる。

「在日特権」とは何なのか

それでは「在日特権」とはいったい何なのか。本稿においては「在日特権」とは「主に在日韓国・朝鮮人が保有している特別な権利や資格、優遇措置などを総称したもの」と定義しておく。在日は「我々在日は強制連行の被害者である」と称して日本人を騙し、あるいは暴力的手段を用いるなどして各自治体の行政に圧力をかけて、様々な在日特権を獲得してきたのだ。

たとえば長田区役所襲撃事件（１９５０年11月20日〜27日）では、約２００人の在日が区役所に突入し、区長を監禁して脅迫し、税金免除や生活保護などを要求している。下里村役場事件（１９５１年10月22日）では、村役場に押しかけた約２００人の在日が生活保護などを要求し、それを拒もうとした職員を取り囲んで集団暴行を加えている。

在日特権
現在も多くの在日は「在日特権など存在しない」と主張している。そればかりか「在日特権」は差別用語でヘイトスピーチであると強弁し、不当な在日特権を批判する者を「レイシスト」と中傷するなどして、言論封殺に血道を上げている。

厚生省社会局が発表した被生活保護受給者数の統計資料を見ると、1951年には6万2496人だった在日韓国・朝鮮人の生活保護受給者数が、1955年には13万8972人にまで激増している。1955年の在日の生活保護受給率は、なんと24・1％に達しており、つまり在日の4人に1人が生活保護を受給しているという驚くべき状況になっていたのだ。さらにその後に行なわれた調査により、不正受給していた在日が大勢いたことが発覚《はっかく》している。

在日は暴力的手段、あるいは「強制連行の被害者」「差別をやめろ」などと恫喝《どうかつ》して、職員に圧力をかけて日本各地で生活保護を認めさせていったのだ。実際に在日に監禁されたり、暴行されて重傷を負った職員が何人も存在しているのだから、全国の生活保護担当の職員などは在日が来ただけで恐怖に震《ふる》えてしまったことだろう。地方自治体の単なる公務員に、在日の暴力、暴行を背景にした圧力に抗するだけの胆力《たんりょく》を要求するのは酷《こく》というものだ。

役所の職員に直接的な暴行を加えて要求を認めさせるといった乱暴な手口は、さすがに現在では難しくなっているだろう。だが、つい8年前

暴力を背景にした圧力
生活保護担当の職員だけでなく、多くの税務関係の職員なども在日による虐殺、集団暴行の被害に遭っている。まともに税金を払っていない在日が大勢いたのは、税務当局が殉職者を出すことを恐れて在日の脱税を半ば黙認し、さらに在日の要求を受け入れて在日特権（税減免措置など）を認めたためといわれている。

の２００８年には山口県の下関市役所で、朝鮮学校への補助金削減《さくげん》に抗議する約60人の在日集団が乱入し、市役所施設の一部を占拠するという事件が発生している。在日の暴力的体質は現在でも続いており、必要があればいつでも日本人に対して牙を剥く準備と覚悟ができていると見るべきだろう。

在日の生活保護受給率

生活保護は在日韓国・朝鮮人だけでなく、日本人も他の在日外国人も受給することが可能なので、「在日特権」ではないという意見もあるようだ。もちろん生活保護の受給それ自体は「在日特権」とはいえないだろう。しかし、在日の生活保護受給率の異常な高さ、そのような状態を生み出している構造について、「在日特権」ではないかという指摘があることもまた事実なのだ。

２０１５年11月の日本の生活保護受給世帯数は１６３万２２２０世帯（平成27年度「被保護者全国一斉調査」）。日本の総世帯数は５１９５万５０４世帯（平成22年度「国勢調査」）。これらを計算すると日本人の生活保護受給率は３・１％となる。

それに対して在日の生活保護受給世帯数は２万８７９６世帯（平成23年度「被保護者全国一斉調査」）。在日の総世帯数は19万２４６世帯（平成22年度「国勢調査」）。これらを計算すると在日の生活保護受給率は15・１％になる。驚くべきことに在日の生活保護受給率は、日本人の実に約５倍にもなるのだ。

日本人だけではなく他の在日外国人と比較しても、在日の生活保護受給世帯数は突出《とっしゅつ》している。在日韓国・朝鮮人の総世帯数は19万２４６世帯（平成22年度「国勢調査」）だが、在日中国人の総世帯数は23万８１４７世帯（同）であり、在日中国人の方が約４万８０００世帯も多い。しかし生活保護受給世帯数を見ると、在日韓国・朝鮮人の２万８７９６世帯（平成23年度「被保護者全国一斉調査」）に対して、在日中国人は４４４３世帯（同）に過ぎない。

生活保護受給率は日本人３・１％、在日韓国・朝鮮人15・１％、在日中国人１・９％、在日外国人全体３・９％となる。在日韓国・朝鮮人の生活保護受給率は、日本人の約５倍、在日中国人の約８倍、在日外国人

被保護外国人世帯数
韓国・北朝鮮、中国以外の被保護外国人世帯数は、フィリピン（4902世帯）、ブラジル（1532世帯）、ベトナム（651世帯）、米国（115世帯）、カンボジア（65世帯）、ブラジル以外の中南米（962世帯）、その他（2013世帯）となっている。（平成23年度「被保護者全国一斉調査」より）

全体の約４倍にもなるのだ。

「在日は国籍で差別されて職に就《つ》けないから、生活保護受給率が高くなるのは仕方がない」などと主張する人もいるようだが、在日韓国・朝鮮人の生活保護受給率15・１％に対し、在日外国人全体は３・９％に過ぎないのだから、そのような馬鹿げた主張など聞く必要はないだろう。

　このような異常なまでに多くの生活保護受給者を生み出している背景には、いったい何が隠されているのだろうか。かつて日本各地で行なわれた暴力的な生活保護獲得運動が影響して、半《なか》ばフリーパスに近い状態になっていると考えるのが、むしろ自然ではないだろうか。

生活保護の不正受給

　在日の生活保護受給率が突出している要因として、暴力を背景にした恫喝、あるいは直接的な暴力を行使して生活保護を認めさせてきたことを述べた。もうひとつ考えられるのは、生活保護不正受給者が極《きわ》めて多いとされていることが挙げられる。

２００８年６月、埼玉県深谷市の元暴力団員で韓国籍の崔鳳海《チェボンヘ》が、生活保護を不正受給していたとして逮捕された。崔鳳海は職員を暴力行為で脅《おど》して、約１８００万円の生活保護費を不正に受給していた。

２０１３年５月、東京都新宿区歌舞伎町で韓国人クラブを経営する許《ホ》愛栄《エヨン》（韓国籍）が収入のあることを隠して生活保護費総額１３９０万円を不正受給していたとして逮捕された。

２０１３年11月、偽造《ぎぞう》した給与明細書を提出して総額６０００万円の生活保護費を詐取《さしゅ》したとして、東京都昭島市の在日韓国人の松田雲起こと辛雲起、内縁の妻で松田和美こと向山一美が逮捕された。

２０１４年４月、「レイシストをしばき隊」と関係の深い「友だち守る団」の元代表で在日韓国人の凛七星こと林啓一が、生活保護費約１１２万円を不正に受給したとして大阪府警に逮捕された。「在日特権など存在しない」と主張する「レイシストをしばき隊」の関係者が、在日特

レイシストをしばき隊
ヘイトスピーチへの反対活動を行なうために野間易通が立ち上げたとされる市民団体。在日特権を許さない市民の会（在特会）のデモの参加者に対し、集団で暴行を加えるなどして、複数の逮捕者が出ている。

凛七星こと林啓一
２０１４年４月に生活保護費不正受給の疑いで逮捕された凛七星こと林啓一は、在特会のデモに参加していた男性に対して「この世におれんようになるぞ」などと脅したとして、同年６月に脅迫の疑いで再逮捕されている。

権であると批判されている生活保護の不正受給で逮捕されたのだ。

２０１４年5月、横浜市中区の韓国籍の李《イ》鉉子《ヒョンジャ》が、韓国クラブ従業員として毎月約30万円の収入があったのを隠して、生活保護費を不正に受給したとして詐欺《さぎ》容疑で逮捕された。

２０１５年2月、大阪府豊中市で韓国籍の玄成美《ヒョンスンビ》が、収入のあることを隠して約１１００万円の生活保護費を不正受給したとして逮捕された。

２０１５年7月、無登録で営む貸金業（闇金融）の収入があるにもかかわらず生活保護費を不正受給したとして、詐欺容疑で神戸市東灘区の康貴人（韓国籍）が逮捕された。

きりがないのでこれくらいにしておくが、在日韓国・朝鮮人による生活保護不正受給事件は日本全国で後を絶たないのだ。一部地域の在日の間では「税金を払っている人」と「生活保護を受給していない人」は変人扱いされるという笑えない話もあるそうだ。

在日特権「住民税減免措置」

２００７年11月、三重県伊賀市で「住民税半額」という驚くべき在日特権の存在が明るみに出るきっかけとなった事件が起こった。

三重県伊賀市の前総務部長長谷川正俊被告（59）＝現総務部付＝が知人から約５３０万円をだまし取ったとして詐欺と有印公文書偽造・同行使の罪で逮捕、起訴された事件で、伊賀市が数十年前から在日韓国人や在日朝鮮人を対象に住民税を減額していた措置を長谷川被告が利用し、市内の元在日韓国人から約１８００万円を着服していた疑いのあることが分かった。

（２００７年11月11日付『中日新聞』）

あまりにも有名な事件なので聞き飽《あ》きた読者もいると思うが、在日特

納税する在日は変人扱い
朝日新聞記者で在日韓国人の金漢一は、「在日の商売人で税金をちゃんと払うのはバカだと思っていた」といういかにも在日らしい見解を、自著『朝鮮高校の青春　ボクたちが暴力的だったわけ』の中で披露している。税金を払わないことが在日社会の常識だったのだ。

権を語る上で欠かせないエピソードであり、全国民が知っておくべき重大な話であるので、改めて簡単に触れておきたい。

　この『中日新聞』の記事で重要なのは「伊賀市が数十年前から在日韓国人や在日朝鮮人を対象に住民税を減額していた」という部分である。伊賀市には在日韓国・朝鮮人のみを対象とした「住民税減額措置」という凄《すさ》まじい在日特権が存在していたことが明らかとなったのだ。以前は所得額に応じて減額率を変えていたそうだが、やがて金持ちも貧乏人も関係なく在日であれば一律に半額にするようになったという。

　事件の経緯《けいい》はこうだ。伊賀市在住で住民税半額という在日特権の恩恵を受けていた在日韓国人が、日本に帰化《きか》することを検討していた。しかし日本国籍を取得して在日の身分を失えば、同時に在日特権も失うことになり、これまで半額だった住民税が本来の金額になってしまう。そこでこの在日韓国人は、市役所の総務部長だった長谷川に「帰化して日本国籍になった後も住民税半額の在日特権を使い続けたい」という趣旨の相談をしたという。在日という特権階級をさらに超える存在、日本国籍と在日特権を併《あわ》せ持つ「元在日」という超特権階級を認めろと要求した

在日という特権階級

「住民税半額」という凄まじい在日特権は、公務員による詐欺事件が起こったことで偶然発覚したのである。もしこの詐欺事件が起こっていなければ、在日特権の存在、そして在日が特権階級であるという事実を、日本国民は知ることができなかったのだ。

のだ。長谷川はその要求を受けて「帰化後も住民税は半額のままでいいが、直接自分のところに来て納税するように」と指示し、それをそのまま着服《ちゃくふく》していたということだ。

民団・総連の権利獲得運動

伊賀市はこの報道を受けて翌12日に記者会見を行なっている。それによると、「住民税減額措置」が始まった詳《くわ》しい経緯は当時の記録が残っていないため定かではないが、遅くとも１９６０年代後半には在日本大韓民国民団（民団）や在日本朝鮮人総連合会（総連）との交渉で始まったとみられている。

伊賀市は在日を対象に「住民税減額措置」を実施した根拠について、市税条例第51条に「特別の理由があるもの」については住民税の減免を行なうことを定めた規定があり、今回のケースはそれに該当《がいとう》するとしている。この「特別の理由」については「歴史的経過、社会的背景、経済的状況などを総合的に考慮《こうりょ》」したと説明している。

この「歴史的経過」「社会的背景」「経済的状況」とは、在日は「強制

「経済的状況などを考慮」
住民税は所得額に応じて税額が決められるので、所得額が低ければ税額も低く、一定以下の所得額であれば非課税扱いとなる。だから「経済的状況」（＝貧困）は、在日の住民税を半額にする理由にはならないのだ。この在日特権によって大きな恩恵を受けるのは、むしろ高所得の在日たちなのである。

連行の被害者」であり「差別」されて「貧困に喘《あえ》いでいる」という、いつもの手口であることはいうまでもないだろう。おそらく伊賀市でも職員を取り囲んで「強制連行の被害者」「差別されている」などと叫び、暴力を背景にした圧力を加えて恫喝することで「住民税減額措置」という在日特権を認めさせたのではないだろうか。

日本人納税者を嗤う在日

『中日新聞』の記事によると5年分の住民税として支払ったのが１８００万円である。在日特権で半額になっているから本来の税額は３６００万円で、１年あたり７２０万円という計算になる。うっかり間違えてしまいそうだが年収７２０万円ではない。住民税の金額が７２０万円なのである。この在日韓国人がかなりの高額所得者であることは間違いないだろう。このような高額所得者が在日であるという理由だけで住民税が半額になっていたのだから、まじめに納税している日本人納税者はもっと怒りの声を上げるべきだ。

その後の調査で三重県桑名市や三重郡楠町（現・四日市市楠地区）で

も伊賀市と同様に「住民税減免措置」という在日特権があったことが明らかになっている。住民税半額の在日特権は、現在のところ三重県以外ではまだ発覚していない。だが三重県での在日特権獲得運動に全国規模の組織である総連と民団が関わっているのだ。全国規模で住民税減免を要求する在日特権獲得運動が展開されたと考えるべきだろう。全国の多くの自治体で在日の住民税が減免されていた可能性を疑うべきではないだろうか。まじめに納税している日本人納税者を陰《かげ》で笑っている在日を許してはならないのだ。

外国人福祉保障制度

現在65歳以上の無年金者（年金未加入や25年間の納付期間に満たずに支給されていない者）が約90万人いるという。無年金状態になっているのは自己責任であるとして救済措置はとられていない。にもかかわらず無年金の在日に対しては「福祉給付金」という在日特権が用意されている。全国８２０以上の自治体で「外国人福祉保障制度」が設けられており、無年金の在日外国人に年金の代わりとして「福祉給付金」を支給し

外国人福祉保障制度
在日は福祉給付金や生活保護を受給することで、25年間必死で掛け金を納めた国民年金受給者の日本人よりも、遥かに高い金額を手にすることができるのだ。

ているのだ。

「外国人福祉保障制度」という名称からわかるように、日本人はこの制度から完全に排除されている。この制度の財源はもちろん日本国民から徴収した税金である。生活保護の申請を却下《きゃっか》されたり打ち切られたりして、餓死や自殺をする大勢の日本人がいる一方で、在日特権によって左団扇《ひだりうちわ》で暮らす在日韓国・朝鮮人が存在しているのだ。不当な在日特権を廃止して、その浮いた金を本当に困窮《こんきゅう》している日本人に回すことはできないものだろうか。

　韓国では１９８８年から年金制度が始まっている。北朝鮮といえば生活の心配がないという「地上の楽園」である。無年金の在日は祖国である韓国に支援を求めるか、「地上の楽園」である祖国に帰国してはいかがだろうか。

一部マスコミの通名報道

　一部のマスコミでは在日韓国・朝鮮人による犯罪について報道する時に、犯人の本名を隠して通名（通称名）で報じることがある。いわゆる

「通名報道」と呼ばれる問題である。まずは典型的な「通名報道」のサンプルとして、同じ事件が『朝日新聞』と『産経新聞』でどのように報じられたか見てみよう。

> 京都府京丹波町の「丹波ナチュラルスクール」の入所者虐待事件で、南丹署捜査本部は23日、逮捕監禁容疑で、経営者の朴聖烈容疑者（60）＝逮捕監禁罪などで起訴＝らスクール関係者８人を再逮捕した。
>
> （２００８年10月23日付『産経新聞』）

> 京都府京丹波町のフリースクール「丹波ナチュラルスクール」の入所者に対する傷害・監禁事件で、京都府警南丹署捜査本部は23日、経営者の江波戸聖烈（えばと・せいれつ）容疑者（60）＝逮捕監禁などの罪で起訴＝、責任者の森下美津枝容疑者（55）＝同＝ら施設関係者８人を逮捕監禁と監禁の疑いで再逮捕したと発表した。
>
> （２００８年10月23日付『朝日新聞』）

ビジネスジェットなどの整備をする格納庫の使用契約をめぐり、便宜を図る見返りに現金約50万円を受け取ったとして、警視庁捜査２課は23日、収賄容疑で国土交通省航空局運航安全課係長、川村竜也容疑者（39）＝千葉市稲毛区小仲台＝を、贈賄容疑で航空関連会社「ウイングズオブライフ」元社長、金沢星容疑者（61）＝金沢市高尾、韓国籍＝をそれぞれ逮捕した。

（２０１５年９月23日付『産経新聞』）

羽田空港（東京都大田区）にある格納庫の使用契約に絡み、便宜を図った見返りに現金約50万円を受け取ったとして、警視庁は23日、国土交通省航空局運航安全課の係長、川村竜也容疑者（39）＝千葉市稲毛区小仲台５丁目＝を収賄の疑いで逮捕し、発表した。航空機整備会社元社長の伊集院実容疑者（61）＝金沢市高尾２丁目＝も贈賄容疑で逮捕。

（２０１５年９月24日付『朝日新聞』）

いかがだろうか。『産経新聞』では容疑者の名前は「朴聖烈」「金沢星」と在日の本名で報じている。一方『朝日新聞』では「江波戸聖烈」「伊集院実」と通名で報じて、あたかも容疑者が日本人であるかのように偽装して報じているのだ。ただし『産経新聞』の報道にも若干の不満はある。たとえば「韓国籍の伊集院実こと金沢星」のように国籍、通名、本名の３点セットで報じることが望ましい。犯罪者が在日であることを隠して完全に日本人のフリをして生活していた場合、本名報道だけでは誰のことかわからない可能性もあるからだ。いずれにせよ『朝日新聞』はどうしようもない。在日犯罪者を通名報道で日本人に偽装し、さらに本名を隠蔽《いんぺい》して犯罪事実の公表による社会的制裁を受けることを、なぜか在日に限って免除させているのだ。

　日本人の人口は約１億２５００万人に対し、在日は約50万人に過ぎない。だが新聞（朝日新聞は除く）を開けば、在日犯罪は毎日のように紙面を賑《にぎ》わせている。日本人と在日の人口比を考えれば、これは異常な状態といっていいだろう。しかし『朝日新聞』しか読まない人の中では、この日本に在日犯罪はまったく存在しないことになっているのだ。

マスコミ各社の通名報道
テレビでは特にＮＨＫが通名報道を行なうことが多いとされている。通名報道の割合を見れば、各社がどの程度在日に侵食されているかを測る目安となるだろう。

通名は変更可能

　通名は住民票のある市役所などで登録することで、住民票に本名と共に記載されて公的に通用するものとなる。登録した通名であれば銀行口座の開設や携帯電話の契約なども行なうことができるのだ。在日の通名を芸能人の芸名や作家のペンネームと同じようなものと誤解している人もいるようだが、芸名やペンネームは住民票に記載することはできず、銀行口座を開設することも困難だ。

　実は通名の登録は在日韓国・朝鮮人だけでなく、すべての在日外国人（在留カード交付対象者となる中長期在留者）に認められており、唯一日本人だけが排除されている。ただし、通名報道の恩恵についてはなぜか在日韓国・朝鮮人だけしか受けられないようだ。

　通名は公序良俗に反するものでなければ、本名とまったく関連のない名前で登録することも可能だ。日本人風の通名でなければならないという決まりもないが、ほぼ全ての在日が日本人と誤解させるような通名を選んでいるそうだ。

　登録できる通名はひとつだけで複数の通名を同時に持つことはできな

頻繁に通名変更
２０１３年11月、埼玉市西区の無職で韓国籍の文炳洙（通称・青山星心）が、詐欺容疑などで逮捕されている。文炳洙は頻繁に通名変更を繰り返し、複数の通名を使い分けて約１６０台のスマートフォンやタブレットを購入したが、支払いを一切せずにそのまま転売して荒稼ぎしていたのだ。

いが、市役所などに届け出ることで変更することが可能だ。２０１３年11月15日に総務省が「外国人が通名を記載する際には要件を厳格にした上で、原則として変更を許さない」という内容の通知を外国人住民基本台帳室長名で出しており、かつてのように何十回も頻繁《ひんぱん》に通名変更を繰り返すといったことは難しくなっている。各自治体によって方針は若干異なるが、３回くらいまでは問題なく変更できるところが多いようだ。それ以上になると職員から理由を聞かれることになるが、「今の通名だと差別されるから」とでもいっておけば、却下されることはまずないだろう。在日の通名の変更は、日本人の改名と同じくらい厳格化するべきではないだろうか。

日本人に成りすます在日

在日は本名をほとんど使うことなく、通名だけで生活することもできる。市役所などでは国民健康保険証を通名のみの記載で作成することもできるので、それを使えば日本人のフリをして各種手続きを行なうことも可能だ（顔写真が付いてないのがネックとなる場合もありそうだが）。

日本人のフリをする在日
在日であることを隠したまま日本人と婚約、結婚式を挙げ、入籍の時に在日と発覚して大騒ぎになる、という悲劇が後を絶たない。それで婚約破棄をしようとすると、なんと在日から「民族差別」であるとして慰謝料を要求されるケースもあるという。

だから健康保険証や、健康保険証で作成できるもの（たとえば銀行カードやクレジットカード、診察券、ＤＶＤレンタル店の会員証など）を見せられても、その人物が日本人なのか、それとも日本人に化《ば》けた在日なのか、確認する手段としては使えないので注意が必要だ。

運転免許証は国籍の表記はないが、たとえば「李明博（月山明博）」のように本名と通名が併記《へいき》されるので、日本人のフリをする目的では使いにくいだろう。

住民基本台帳カードも同様に本名のみ、または本名と通名の併記となるので、これも日本人に見られたら在日だとばれてしまう。

運転免許証や住民基本台帳カードで銀行口座を開く場合、口座名義は本名と通名のどちらかを選ぶことができる。しかし銀行側には当然本名も在日であることも把握《はあく》されてしまう。現状では健康保険証などを身分証として使えば、本名と国籍を隠して通名で銀行口座を開設することができる。

在日のパスポートは韓国または北朝鮮のものであり、当たり前だが通名を記載することはできない。また、海外旅行中に問題が起こった場合、

在日の海外旅行トラブル
パスポートとクレジットカードの名前が異なっていれば怪しまれるのは当たり前であり、高確率で警察を呼ばれることになる。また、在日が外国で事件に巻き込まれたり逮捕された場合、助けを求める先は韓国大使館または北朝鮮大使館となるので、韓国語が話せないと苦労するだろう。さらに強制送還される先は現在の国籍、つまり韓国か北朝鮮となる可能性があるのでご注意。

助けを求める先は韓国大使館または北朝鮮大使館となる。間違えて日本大使館に行く在日も多いらしいが、基本的には門前払いとなる。海外ではクレジットカードを使う際に、パスポートの提示を求められることが多い。通名で作成したクレジットカードを使おうとして、パスポートの名前と異なることを店員に怪《あや》しまれ、警察を呼ばれる在日が後を絶たないという。

現在ほとんどの在日は通名をメインに生活しており、つまり日本人のフリをしているわけだが、複数の名前を使い分けて周囲を欺《あざむ》き続けるような異常な生き方はいかがなものだろうか。誇りあるコリアンとして本名で堂々と生きてほしいものである。

いずれにせよ現在は、本名・通名・住所が住民票でまとめて管理されており、政府機関がその気になれば在日の挙動《きょどう》はほとんど筒抜けとなってしまうのだ。

在日の本名・通名・住所を管理

以前の外国人登録証明書では通名の記載が認められていたが、外国人登録証明書が廃止されて新たに交付される特別永住者証明書は本名のみの記載となり、通名を記載することができなくなった。現在、通名は住民票で管理することになっている。

２０１２年7月9日に「住民基本台帳法の一部を改正する法律」が施《し》行《こう》された。これは「外国人住民の利便の増進及び市区町村等の行政の合理化を図るため」という名目で始まったのだが、真のターゲットは在日であることは明らかだ。この法律の施行により、在日外国人に対して住民票が作成されることになった。これによって在日の本名、通名、住所などを把握することが容易になったわけだ。

先に述べたように、今でも通名で銀行口座などを開設すること自体は可能なのだが、旧制度の時代に開設した通名口座とは、もはや別物と考えたほうがいいだろう。通名を自在に使っていた頃の在日の口座状況は、全《まった》くといっていいほど闇の中であったのだ。

そしてマイナンバー制度の導入によっていよいよ最終段階に入るのだが、金融口座関係は任意から始まり本格的な運用は２０１８年以降となるので、実際に影響が出てくるのはもうしばらく先の話になる。このマ

通名は住民票で管理

通名（通称名）の使用は在日韓国・朝鮮人だけでなく、他の在日外国人（中長期在留者や永住者など）にも認められている。以前は外国人は住民票が作成されず、外国人登録制度で管理されていたが、同制度の廃止に伴い、２０１２年7月9日からは在日外国人も住民基本台帳法の適用を受けることになった。

イナンバー制度ははっきりいってしまうと「在日対策法」であり、具体的には在日の脱税と在日特権への対策である。これについては4章でも述べる。

第2章　在日の「日本乗っ取り」

――マスコミ浸透工作と民主党朝鮮系議員

在日の「日本乗っ取り」

在日の「日本乗っ取り」宣言

数年前からネットの一部で「スヒョン文書」と呼ばれて話題になっている、いわゆる「怪文書」が存在する。民主党が２００７年度参議院議員総選挙で大勝した際、ヤフー掲示板に在日によって投稿されたとされている一連の書き込みである。少し長いが全文を掲載する。（誤字の一部を訂正、改行箇所を一部変更した）

いよいよ　投稿者：スヒョン　投稿日：２００７年7月30日（月）04時32分31秒

計画通り民主党が参院選で過半数を獲得。いよいよ始まりますね。自民党独裁弾圧政治の終わりの始まり。我々虐げられてきた在日同胞の権利拡大の始まり。最近はネットのおかげで90年代以前なら使えたネタが

90年代以前なら使えたネタ
「在日は強制連行の被害者」というかつての定番ネタのことであると思われる。90年代の終わり頃からインターネットが急速に普及したことで、在日の嘘も急速に暴かれていったのだ。

通じにくいですが民主党さんにはがんばってもらいましょう。

まず短期的には在日同胞のお年寄りへの年金支給実現が急務です。生活保護だけでは本当に最低限の生活しか保障できないのが現実です。差別と弾圧の苦難の時代を乗り越え、我々三世四世が暮らせる基礎を築き上げてきたアボジたちに、豊かな老後生活を提供しなければならないですね。多くの日本人同様に税金をしっかり払ってきたわけだし、これまでの差別の歴史を考えてみたら我々にも年金をもらう資格はあるし日本政府にもその責任があります。在日同胞への年金支給がいちばんの優先です。

その次は地方参政権獲得へと山を作っていきましょう。各地のコリアンタウンを基点に、組織的に民主党議員を支援していく体制はすでに整っていますが、足りないものがあれば、各支部ごとにまとめて本部に頼んでください。民主党の中での雰囲気醸成や意見の舵取りなどは、同胞議員の先生たちがきちんと動いてくれる予定ですから心配ありません。また北韓同胞との連携も必要になってきますので、支部長レベルでの会合等調整をお願いします。

在日同胞への年金支給

在日外国人も国民年金に加入することができる。条件は日本人と全く同じで、受給資格を得るには保険料を25年以上納める必要がある。無年金の日本人は自己責任の名の下に見殺しの状態になっている。しかし無年金の在日には外国人福祉保障制度という在日特権によって、年金の代わりに福祉給付金が支給されるのだ。

Re: いよいよ　投稿者：ハナ　投稿日：２００７年7月30日（月）04時44分54秒

スヒョンニム

本当に素晴らしいことです。こんなにも早く民主党が過半数とれるなんて！　まだ参議院ですから油断はできません。次の衆議院選挙で民主党が過半数議席を獲得できるかどうかが我々の将来を決める大きな鍵になるでしょう。これからの日本の政権は民主党に任せるべきですよね。グローバル化した現在ですから我々在日コリアン以外にも在日外国人は日本に多いし、長く住んでも選挙で投票もできないから生活を良くしたくても声が届かない。

＞差別と弾圧の苦難の時代を乗り越え、我々三世四世が暮らせる基礎を
＞築き上げてきたアボジたちに、豊かな老後生活を提供しなければならないですね。

これは本当にそのとおりですね。日本人はのうのうと年金もらって暮

らしているのに、同じように長年日本に住み、払いたくもない税金を払っている我々のアボジたちの中には、本当に悲しい生活をしているかたたちも多いです。昭和―平成時代にかけて、日本に貢献してきたではないか。それなのに、日本人ではないというだけで年金ももらえない。同じ年の日本人がちゃんともらっているのに。

民主党はその点、在日コリアンへの年金支給を明言してくれてるし、私たちにも選挙権がもらえる可能性が高い。これが本当のグローバリズムというものですよね。

Re: いよいよ　投稿者：とにる　投稿日：２００７年7月30日（月）07時05分31秒

まま、感情論は置きましょう。我々の目的が実現したら好きなことを言えるはずですから。今後、年金と参政権獲得のキーとなるだろう民主党各議員への献金準備なども準備は順調です。くれぐれも違法にならないように、日本人の感情を刺激しないように、慎重に進める必要があります。

外国人参政権
日本国憲法に「国民固有の権利」と明記されており、現在のところ外国人参政権は認められていない。なお在日朝鮮人は北朝鮮の参政権、被参政権を有している。

最近とくに若い日本人の間での「嫌コリアン感情」は無視できないものがあります。各支部で、韓流コンテンツやウリマル講座などを使って、そこで次回の衆院選で民主党に投票してくれる日本人を増やしていきましょう。今の私たちはまだ直接投票ができませんから帰化した同胞の支援と理解ある良心的な日本人たちの協力が必要です。

そうですね　投稿者：スヒョン　投稿日：２００７年7月30日（月）07時49分30秒

今までは、我が同胞たちは比較的攻撃的な声闘《ソント》というやりかたを使ってきましたが今後はそれだけでは難しい状況になりつつあります。これからの日本社会を背負う日本人の若者世代をどう理解させていくかが大きなポイントです。お人好しな日本人の気質をうまく利用していく必要があるのです。今までの「私たち在日はこれほど差別されてきた被害者なのです」という事実を伝えるだけでは日本人の若い世代は一歩引いて疑います。これからは「私たち在日も日本に貢献していきますから手を取り合いましょう」というメッセージが必要でしょうね。

ウリマル講座
韓国語講座のこと。無料または極端に授業料が安い韓国語講座は、背後に民団や総連、または韓国系カルト宗教が潜んでいることもある。うっかり受講すると韓国語だけでなく、捏造された歴史や在日への贖罪意識などを学習させられることになる。

日本に対して姿勢を低くするのは我々の自尊心が傷つくものですがそれも数年の辛抱です。生活保護支給に関してはもうすでに問題なく支給してもらえる状態を勝ち取っています。同じ条件の日本人がいたら我々のほうが有利なやりかたです。これは申請の時にどうやればいいかがマニュアルになっていますからまだ知らない人がいる地域は各支部から配布をお願いします。年金支給や参政権は自民党政権では無理でしたが民主党政権なら実現できます。日本の政治を我々が動かすことができる時代がこれから来ます。目の前の気になることは少し目をつむって将来の我々の大きな勝利のために進みましょう。

とにかくこれから２年は忙しくなります。次の衆議院選挙は２００９年の９月。ここでも民主党に過半数を獲得してもらう必要があります。そのためには良識ある日本人をもっとたくさん増やす必要があります。この記念すべき２００９年のために戦後我々の同胞たちは日本のマスコミ各社に同胞を送り込み日本人の良心の改革を進めてきました。その結果が今回の選挙でようやく出てきましたね。数年前から日本帰化も強化していますから、同胞有権者も増えていますし白先生や金先生のように

生活保護受給マニュアル
生活保護申請手続きを順を追ってわかりやすく解説した小冊子のこと。「在日は強制連行の被害者」「生活保護申請を却下したら差別者として断固糾弾する」と職員を恫喝する手口などはさすがに記載されていない。

日本国籍を獲得して立候補することもできるようになりました。両方から攻めていきましょう。我々のアボジたちができなかった「革命」が我々の世代で実現しようとしています。民主党にはそのための重要な道具として動いてもらいましょう。

Re: そうですね　投稿者：とにる　投稿日：２００7年7月30日（月）08時20分48秒

しかし予想していたより早かった気がします。ある意味では自民党に感謝する必要がありますね。自民党の族議員たちが自分の利権を守るのに必死で普通の日本国民が日本の政治に興味を持たないように政治家が自分の腹だけを肥やせるようにし続けてきたからこそ同胞たちの日本マスコミ改革とうまく合って日本の世論を誘導できるようになったのですから。今回は民主党の先生がたが頑張って社保庁の年金問題を公開してくれたおかげは大きいですね。

日本のオンモンに「漁夫の利」というのがありますね。日本と中国が我が韓半島を奪い合ううちにロシアが横から奪い去ろうというものです

日本国籍を獲得して立候補
民主党には帰化した元在日の議員が多数在籍している。白眞勲（参議院議員）は元在日であることを公表しているが、それ以外のほとんどの元在日議員は帰化したこと、元韓国人（朝鮮人）であることを隠しており、有権者を欺いて当選しているのだ。

が、これからは日本人同士で利権の奪い合いをしている横から我々がそれを奪い去るという構造です。与野党と官僚が利権の奪い合いをしているところから我々が美味しいところをいただける。日本の一般国民も今は年金や不祥事なんかの目の前のことだけしか見てませんしね。マスコミもそういうところをどんどんやりますから都合がいいですよ。笑いが出るくらいです。

とにかく日本の左派はまだまだ利用できます。とくに日本が嫌いな日本人がいるというのはおもしろいですね。十分使えます。日本憲法改悪反対派の議員たちをもう一度洗い出しましょう。護憲派の人たちは我々と考えが似ていますから、まだ利用できます。同じような人たちは自民党にもいます。落選議員に活動資金を献金するといった方法で良心を目覚めさせることも簡単でしょう。民主党にはかつて北韓の辛先生の擁護をしてくれた人たちもいますし。注意しなければいけないのは民主党内の一部の保守派ですね。民主党は圧勝したとはいえ党内は一枚岩でないところも多いので。ただし基本的に相手は日本人です。一度信用させれば継続して信用し、その上でこちらのつらい状況を涙ながらに語れば心

北韓の辛先生
日本人拉致に関わった北朝鮮工作員の辛光洙のこと。１９８５年にソウルで韓国当局に逮捕された。１９８９年７月、辛光洙を含む在日犯罪者29名の釈放を求める要望書が、日本の国会議員ら１３３名の署名とともに韓国政府へ提出された。この要望書に署名したのは、菅直人（民主党）、江田五月（民主党）、山下八洲夫（民主党）、千葉景子（民主党）、渕上貞雄（社民党）、村山富市（社民党）など。

底同情してくれます。こういった点をうまく使いましょう。

ターゲットは？　投稿者：Revolution2009　投稿日：２００７年7月30日（月）10時02分11秒

今後の日本人良心改革のターゲットは予定通り年配層や年寄りと女性ということでいいんですよね？　最近うちの店でもハングル講座を始めて日本人女性が入ってくるから、韓国文化の紹介に少しずつ日本の戦争中の蛮行やこれまでの政治家の妄言などをまぜて紹介しながら私たちが年金や参政権をもらえない理由を教えています。その上でぜひ日本人として民主党を応援してくれるよう言っています。民主党なら日本人にとっても我々にとっても両方に都合いいですよね。

ただ、とにるニムの言うとおり、韓国文化に興味のある日本人でもこっちの話をまじめに聞いてくれるのはやはり年配や年寄りですね。若い女性などに日帝の話をしても、けっこう困った顔されたり今の私たちには関係ないと言われたりすることもありますよ。この前年金の話をして、日本で暮らすわたしたち在日韓国人のおじいさんおばあさんには年金をもらえず苦しい生活をしている人たちも多いですと話をしたら、日本人だって年金の保険料を払ってなければもらえないよと言われました。そうなんですか？　でもそれだって我々の差別の歴史を考えたら日本は払うのが当然！

Re: ターゲットは？　投稿者：とにる　投稿日：２００7年7月30日（月）12時28分12秒

to Revo ニム　この前ありがとう。あの講座スタイルはいいですね。講座が終わった後に韓国料理を生徒にたっぷり食べてもらうというサービスは生徒の評判もいいようです。ただ、今は日帝の話題は出さないほうがよいと思います。我々の話に疑問を持たせることはない方がいいですね。これからとにかく

1. 我々在日は日本人と仲良くしてこれから日本に貢献したい
2. 今までの長い自民党政治ではそれができなかったし日本人も不幸になるばかり

3. 民主党政治なら在日同胞も日本人も同じように幸せになり日本もアジアで尊敬される

そのような話し方をしていきましょう。どうも、これまでの在日同胞は自分たちの権利ばかりを出しすぎたところがあってそこが日本人の若者などの反発を受けているようです。これから何十年も何百年も続いていく我々の利益のためですからあと何年か、がまんしましょう。こちらが一歩さがって、日本人の自尊心をくすぐってやるんです。やつらはそういうのに弱いんですよ。ははは！

イルボンサラム　投稿者：スヒョン　投稿日：２００７年7月30日(月) 13時36分05秒

嫌韓流以降、日本人の若者の間に嫌韓感情というのは本当に広がっています。私なりに考えてきましたが、やはり民族性が大きいでしょうね。コリアンは自分の考えはどんどん言うし、日本人のように建前は言いません。本音で話し合うしすぐ団結して行動する民族です。他の国に行く

嫌韓流
２００５年刊行の『マンガ嫌韓流』（山野車輪著、晋遊舎）のこと。４巻までの発行部数は累計１００万部。続編となる『マンガ大嫌韓流』が２０１５年に刊行されている。

ときは、どうにかして韓国の良さを伝えようとあれこれと試しますね。ときには主張が強すぎたり拙速すぎるところもありますが、そこが我々がどんな状況も耐え抜いてこれた大きな要素でしょう。日本人は集団行動や周りとの協調性を大切にします。他の人が不快に思うことはしません。そして自分を一歩さげて相手を立てることが正しいことだと思うんですね。そして日本のオンモンに「郷には入ったら郷に従え」というのがあります。よそものがそこに入ったら、その場所のルールに従わなければならないという考え方です。ここが大きく違うところで、これから我々が使える部分です。

　日本の若者を攻略するのは意外に難しくないです。嫌韓感情を持つ日本人の若者でもこちらから「今までの在日同胞のやりかたは良くなかった。日本人の気持ちを考えないで権利ばかり主張してきてしまった。我々もこれからは郷には入ったら郷に従うという日本の習慣も取り入れようと思う」ということを伝えるだけで彼らの表情が一気に変わりますよ。アボジたちがどうして今まで得れる権利を得れなかったか、そこはこうした頭の使い方が足りなかったからでしょうね。今だってそんなこ

嫌韓感情を持つ日本の若者
特に若者の間でスマートフォンが爆発的に普及し、日常的にインターネットにアクセスするようになったことで、韓国や在日に関する情報に触れる機会が増え、結果として韓国や在日を嫌悪する若者が増えている。

とは言うなと言うでしょうが、インターネットのおかげで、こちらも頭脳戦をしなければ勝てない時代です。そこは一時期愛国心は横に置いて、どれだけうまく日本人を多く我々側に取り込めるかを考えましょう。今回の民主党圧勝は我々にとって過去最大のチャンスですから。

（無題）　投稿者：Revolution2009　投稿日：２００７年7月30日（月）
14時22分19秒

しかし日本人はおもしろいですよね。謝ることが美しいと思っているんですから。講座の生徒が言ってましたが日本には濡れ衣を着るという思想の文化があるそうです。他人の罪を自分が変わって処罰されるところに喜びを感じるようです。だからすぐ何かあるとスミマセンと言うのかな。

この前講座が終わってトッポギとマッコルリを出してあげたらみんなスミマセンと言ってましたよ。なんで謝るんでしょうね？　アリガトウではないの？　民族的マゾヒストなんでしょうか？　チョッパリはそんなのだから戦争に負けるんですよね。アベ首相が言ってる美しい国というのは、日本人全員が全韓国人に謝る国のことですよ、きっとね。

マスコミ対策　投稿者：スヒョン　投稿日：２００７年7月30日（月）15時49分54秒

　あるかたからマスコミ対策は大丈夫なのかと聞かれましたが大丈夫です。ここ数ヶ月の報道を思い出してください。自民党の不祥事や失言などは大いに報道されましたが、民主党の失言や不祥事はほとんど流れなかったでしょう。ときどき冷や冷やした状態はありましたが、テレビ局に新聞雑誌など主要なメディアのほうは本部のほうで抑えてあるようです。またマスコミ各社に勤めている同胞たちも自民党の不祥事は徹底的に報道して、民主党の失言などはやりすごすような体制ができていますから心配ありません。なにより日本人はテレビと新聞を信用しますからこの辺は大丈夫でしょうね。大手新聞社やテレビ局はすべて抑えてあるとのことです。愚民対策とでも言いましょう。知らないのは一般日本人だけというなんとも可哀想な状況ですね♪

いかがだっただろうか。日本人であれば怒りを感じざるを得ない、かなり刺激的な文書である。反日思想を持つ在日が何を考えているのか、これほどわかりやすい資料は他にはないのではないだろうか。

「在日問題」解決を決意した安倍政権

「スヒョン文書」は嫌韓の日本人によって捏造《ねつぞう》された偽書《ぎしょ》であり、いわば現代の「シオン賢者の議定書」「田中上奏文《たなかじょうそうぶん》」の類《たぐい》ではないか、という意見もあるようだ。その真偽については検証の仕様《しよう》がないので、ここでは論じることはしない。

そもそも「スヒョン文書」の真偽はそれほど重要な問題ではない。水面下で行なわれてきた在日による「日本乗っ取り」について、赤裸々《せきらら》に記《しる》されているということが重要なのだ。内容的にかなりの部分で事実に即しており、かつ一般の日本人にもわかりやすく書かれているため、在日の危険性について多くの日本人に周知拡散する方法として非常に優《すぐ》れていると思われるのである。

「スヒョン文書」からは、民主党政権の成立の陰に在日の支援があった

田中上奏文
1930年頃から主に中国などを中心に流布している怪文書。1927年に田中義一総理が昭和天皇へ極秘に行なった上奏文とされており、日本による中国侵略、世界征服の計画書であるといわれている。

こと、大手マスコミは在日に抑えられていること、日本人の「お人好し」な性質までも利用して「日本乗っ取り」を企《たくら》んでいること、などを読み取ることができる。日本人であればまさに怒髪天《どはってん》を衝《つ》く内容であり、同時に在日の恐ろしさに戦慄《せんりつ》せざるを得ないのではないだろうか。

自民党の大物政治家Ａ氏が、この「スヒョン文書」を毎日のように読んでいた時期があったという。２００７年参院選で自民党は過半数割れして、さらに２００９年の衆院選でも惨敗を喫《きっ》して政権交代となった。自民党は野党に転落し、民主党の天下となった。下野《げや》したＡ氏はリベンジに燃えて、臥薪嘗胆《がしんしょうたん》の精神でこの「スヒョン文書」を読みふけっていたというのだ。

そして現在、Ａ氏は安倍《あべ》政権の中心人物となっている。安倍政権内の少なくともＡ氏の周辺では、「在日問題」こそが日本を蝕《むしば》んでいる諸悪の根源のひとつであり、「在日問題」の解決なくして日本再生はあり得ない、という認識で一致しているのではないだろうか。

ヤクザは在日の天職か

警察庁「平成26年の暴力団情勢」によると、指定暴力団21団体のうち5団体の代表を務めているのが在日である。日本人の人口が約1億2500万人であるのに対し、在日（特別永住者）はたったの35万人でしかない。日本人と在日（特別永住者）の人口比は357：1だが、指定暴力団21団体の代表における日本人と在日の人数比は4：1である。ヤクザの頂点を極めた21人中の5人、24％を在日が占めているのだ。在日は日本人よりもヤクザとして優秀（？）ということなのだろうか。

この驚異の出世率には秘密がある。実はヤクザの3割を在日が占めているといわれているのだ。指定暴力団4代目会津小鉄会の高山登久太郎《たかやまとくたろう》会長は、『論座』1996年9月号（朝日新聞社）でのインタビューの中で、「ヤクザの世界に占める在日韓国・朝鮮人は3割程度」と答えている。

公安調査庁の調査第二部長だった菅沼光弘《すがぬまみつひろ》が2006年10月19日に外国特派員協会で行なった講演で、「日本のヤクザのうち6割が同和の関係者、3割が在日」と発言している。指定暴力団代表、公安調査庁元部

特別永住者
1991年に施行された入管特例法で定められた「特別永住資格」によって日本に在留している在日外国人のこと。ごくわずかの在日台湾人などを除き、99％以上が在日韓国・朝鮮人で占められている。

長というヤクザに関する専門家たちが、そろって同じ数字を挙げているのだから、「ヤクザの３割が在日」という話の信憑性《しんぴょうせい》は非常に高いといわざるを得ない。ヤクザの30%が在日であるなら、指定暴力団21団体の代表の24%を在日が占めていても、それは驚くべき数字ではなくなり、むしろ順当な結果といえるだろう。

２０１３年12月19日、米国政府は日本最大の指定暴力団である山口組の幹部４人について、麻薬の密輸などの国際的な組織犯罪に関与していたとして、米国内にある資産を凍結する制裁の対象に加えたと発表した。実はこのうち３人が在日であったことが、米国政府の発表によって明らかになっているのだ。

昨今の暴力団対策法などによる締めつけの結果、ヤクザの人口は減少の一途《いっと》を辿《たど》っているが、ヤクザの数が減ったことで、逆に在日ヤクザの割合が増えているともいわれている。真偽《しんぎ》の程は不明だが、現在は「ヤクザの３割が在日」どころではなく、４割以上に達しているという話もあるのだ。

在日の7・6人に1人がヤクザ

２０１４年のヤクザ（暴力団構成員及び準構成員）の数は５万３５００人（警察庁「平成26年の暴力団情勢」）で、その３割は１万６０５０人となる。つまり在日ヤクザの数は、１万６０５０人と推計することができるのだ。

ここでは在日ヤクザの条件を、特別永住者、男性、18～65歳とする。特別永住者に限定する理由は、犯罪を犯しても強制送還される心配がほとんどないからだ。ヤクザは組のためならば懲役《ちょうえき》も厭《いと》わないとされている。犯罪を犯せば国外退去や入国禁止になってしまう一般の在留資格では、ヤクザとして生きていくのは難しいのである。

特別永住者の18歳から65歳までの男性人口は12万１２００人（法務省「在留外国人統計」２０１５年６月末統計）となっている。１万６０５０人と推計される在日ヤクザの数から計算すると、なんと現役世代（18～65歳）の在日男性（特別永住者）の７・６人に１人がヤクザということになる。「ヤクザの３割が在日」説が正しければ、在日男性（子供と老人を除く）と知り合いになった時は、その人物が13％の確率でヤクザ

ヤクザの3割が在日
構成員の大半を在日が占めている暴力団もあるという。「戦勝国民」を自称して略奪、暴行、殺人などを行なっていた朝鮮人集団を起原とする暴力団も存在するのだ。

である可能性に留意しなければならないのだ。危機管理を徹底するのであれば、在日＝ヤクザと考えたほうがいいかもしれない。

・ヤクザの3割は在日
・在日ヤクザの数は約1万6050人
・在日男性の7・6人に1人、約13％がヤクザ

在日外国人犯罪の半数が韓国・朝鮮人

2015年に警視庁が発表した「検挙人員（刑法犯・特別法犯）の国籍別比較」によると、2012～2014年の3年間で検挙された在日外国人の総数は1万9525人だが、そのうち在日韓国・朝鮮人は9755人で、なんと50％を占めているのだ。

「在日韓国・朝鮮人はそもそも人数が多いから、他の在日外国人よりも検挙される人数が多くなるのは当たり前だ」という言い訳が聞こえてきそうだが、はたしてそれは正しいのだろうか。

在日韓国・朝鮮人の人口は49万7707人（法務省「在留外国人統

計」２０１５年６月末統計）だが、在日中国人の人口は65万６４０３人（同）となっている。在日中国人の方が在日韓国・朝鮮人より約15万人も多いのだ。しかし、２０１２～２０１４年に検挙された在日中国人は４４４２人で、在日韓国・朝鮮人の検挙者数（９７５５人）の半数に過ぎないのである。犯罪を犯して検挙される在日韓国・朝鮮人の数は、在日中国人など他の在日外国人と比べて大きく突出しているのだ。

　在日外国人全体の人口は２１７万２８９２人（法務省「在留外国人統計」２０１５年６月末統計）で、在日韓国・朝鮮人の人口は49万７７０７人（同）である。つまり在日外国人の23％を占める在日韓国・朝鮮人が、在日外国人の検挙者の50％を占めているのだ。つまり在日韓国・朝鮮人は、犯罪者の数が多いだけでなく、犯罪を犯す割合も非常に高いということなのだ。

在日の犯罪率は日本人の２・６倍

　２０１２～２０１４年に検挙された日本人は95万１７２８人で、在日韓国・朝鮮人は９７５５人となっており、人数においては比較にもならない。だが日本人の人口が１億２５２５万９０００人（２０１５年８月１日現在）であるのに対して、在日韓国・朝鮮人の人口は49万７７０７人に過ぎない。日本人と在日韓国・朝鮮人の人口比はおよそ２５２：１だが、日本人と在日韓国・朝鮮人の検挙者数を比較すると98：１となるのだ。同じように日本人と在日外国人全体を比較してみると、人口が58：１、検挙者数が48：１となる。つまり、在日韓国人の検挙者数は、その人口の割には明らかに多過ぎるのだ。

　人口を検挙者数で割ると、日本人が１３３１・６、在日韓国・朝鮮人が51、在日外国人全体が１１１・３という数字になる。つまり在日韓国・朝鮮人の犯罪率は、日本人の約２・６倍、在日外国人全体の約２・２倍にもなると推計されるのだ。

・ヤクザの３割は在日
・在日ヤクザの数は約１万６０５０人
・在日男性の７・６人に１人、約13％がヤクザ
・在日の犯罪率は日本人の約２・６倍、在日外国人全体の約２・２倍

以上から導き出される答えはひとつ、朝鮮民族というのは犯罪者的傾向が非常に強く、はっきりいってしまえば「犯罪民族」であるということである。これは差別ではなく、数字によって裏付けられた客観的事実なのである。

かつて在日は「戦勝国民」を自称して「敗戦国の法律に従う必要はない」として、日本中で略奪、暴行、殺人、強姦など、やりたい放題に暴れまわっていた時期があった。その頃の気分がまだどこかに残っているのか、あるいは「強制連行の被害者だから法律に従う必要はない」とでも考えているのか、とにかく在日は順法精神に欠けている者が多い。さらに「相手が日本人なら何をやってもいい」と思い込んでいるフシさえ見受けられるのだ。

在日による「日本人狩り」

このような在日の精神構造を理解するための一助となる好著がある。金漢一《キムハニル》著『朝鮮高校の青春　ボクたちが暴力的だったわけ』（２００５年、光文社）である。内容を簡単にいうと、在日である著者が仙台の朝鮮学

性犯罪大国
２００９年１月25日の産経新聞の報道によると、２００７年に韓国で発生した性犯罪は１万５３２５件で、人口１万人あたりの発生件数は３・１６件となる。一方日本で発生した性犯罪は９４３０件、人口１万人あたりの発生件数は０・７４件でしかない。つまり韓国での性犯罪発生率は、日本の４倍以上にもなるのだ。

校に在学していた頃に、日常的に行なわれていた「日本人狩り」について記した自叙伝である。当時（１９８０年頃）の朝鮮高校生徒が徒党《ととう》を組んで仙台市内へと繰り出し、日本人を狙って暴行、恐喝《きょうかつ》、強盗を繰り返すなど、集団的組織的に凶悪犯罪行為を日常的に行なっていたことを、この著者は高校時代の青春の一ページとして、誇らしげに披露《ひろう》しているのだ。

「端から見てもかわいそうになるくらい相手（日本人）をボコボコにするヤツもいるし、きれいに頭へのまわし蹴り一発で決めるヤツもいる」

「仕留めた相手（日本人）が前かがみに倒れると、やったほうも（殺してしまったかと）さすがにビビる」

「カツアゲ（恐喝）のとき、僕たちは『カネを貸せ』なんて遠回しな表現はあまり使わなかった。ズバリ『出せ』と脅していた」

「ここからは別の理由（所持金が少なかった）で、そいつ（日本人）をボコボコにする。生意気な奴らよりも、もっと殴っていたりして」

「その（日本人の）髪にライターで火をつける。青白い炎がフワッと現れたと思うと、いつの間にか勝手にもがいている」

などといった陰惨《いんさん》な暴力描写が、当事者ならではの生々《なまなま》しい筆致で自慢げに記されているのだ。

日本人から給料袋ごと数十万円を強奪してきた朝鮮高校生徒が「チョッパリには何をしようが構わない」などと豪語する場面もあり、朝鮮人の精神構造について知ることができる貴重な資料であるといえる。

さらに興味深いのは、朝鮮高校生徒が逮捕されて、警察に呼ばれた朝鮮高校教師の態度である。

「ただ、先生が謝るということはまずない。それどころか、植民地時代の話を持ち出し、強制連行等の理由で日本に渡ってきた境遇を説明して、日本での差別に苦しめられたからこのようなケンカになるのだと堂々と主張するのだ」

「捕まった朝高生も、日本人の挑発に乗ってケンカになったの一点張りだ。先生も歴史的経緯説を譲らないで、結局は日本政府が悪いと主張し、どんどん話を大きくする」

朝鮮高校生徒や教師たちは「強制連行されてきた被害者」「日本人から差別されている」といった類の話を持ち出して、自分たちの犯罪行為

チョッパリ
朝鮮語で日本人を侮蔑する際に用いる差別用語。韓国人や在日の間で日常的に使われている。

朝鮮高校生徒や教師たち
朝鮮学校元校長の金吉旭は、日本人拉致の犯人として国際指名手配されている（原敕晁さん拉致事件）。朝鮮学校元校長の曺奎聖は、北朝鮮からの覚醒剤密輸で国際指名手配されている（北朝鮮ルート覚醒剤密輸事件）。朝鮮学校元教師の金徳元は、朝鮮学校の教え子を使って成田空港にヘロインを持ち込み逮捕されている（広島朝鮮学校ヘロイン密輸事件）。
校長は日本人拉致に覚醒剤密輸、教師はヘロイン密輸、生徒は「日本人狩り」と称して暴行、恐喝、強盗を日常的に繰り返した。朝鮮学校とは犯罪者の巣窟といっても過言ではないのだ。

を正当化していたのだ。これこそが典型的な朝鮮人の姿なのだ。

在日は役所に押しかけて「強制連行されてきた被害者」「日本人から差別されている」と叫んで、生活保護や税金減免といった「在日特権」を認めさせてきた。そして仙台の警察でも同様の手法でもって、「不逮捕特権」とでもいうべき「在日特権」を要求していたのだ。仙台の警察が「在日特権」を認めて朝鮮高校生徒の犯罪を「お目こぼし」していたのか、同書にははっきりとは書かれていないが、警察官も彼らの扱いには困ったことだろう。

うっかり間違えそうになるが、これは終戦直後の混乱を極めた時代の話ではなく、高度経済成長時代を経《へ》てバブル景気時代が始まる直前の1980年代の話なのだから、まったく驚くばかりである。当時の朝鮮学校といえば悪の代名詞であり、目が合っただけで（同書によると合わなくても）襲い掛かってくる恐ろしい存在だった。朝鮮学校の生徒に暴行されたり金品を奪われた日本人が実際に大勢いるのだ。２００２年の小《こ》泉《いずみ》純一郎《じゅんいちろう》総理の北朝鮮訪問によって金正日《キムジョンイル》総書記が日本人拉致《らち》を認めるまでは、朝鮮学校は朝鮮総連タブーに守られた一種の「聖域」であった。朝鮮学校生徒という暴力犯罪集団は、まさにアンタッチャブルな存在だったのだ。

終戦から数年の間、富坂警察署襲撃事件、長崎警察署襲撃事件、枝川事件、本郷事件など、逮捕された朝鮮人犯罪者の釈放などを要求する朝鮮人集団によって、多くの警察官が殺されたり重軽傷を負わされる事件が多発していた。仙台の警察官たちの心中には、もしかすると朝鮮人の襲撃を恐れる気持ちがあったのではないだろうか。朝鮮学校生徒という犯罪者集団が半ば野放しになっていたのは、そういった事情が関係していたことも十分に考えられるのだ。

マスコミへの浸透工作

『朝鮮高校の青春　ボクたちが暴力的だったわけ』の著者である金漢一だが、現在はなんと『朝日新聞』の記者となっている。「日本人狩り」が日常的に行なわれていた朝鮮高校での青春を謳歌《おうか》した在日朝鮮人（朝日新聞入社後に朝鮮籍から韓国籍に変更）が、日本の大手全国紙である『朝日新聞』に記者として入っているのだ。

マスコミには多くの在日が潜り込んでいるといわれている。在日のマスコミ浸透工作は１９６０年頃から始まったとされている。「記事が差別的である」として激しく抗議を行ない、さらに「在日を採用しないのは差別である」と主張して、集団抗議による業務妨害、暴力を背景とした圧力、そして「強制連行の被害者」「差別されている」と叫ぶなど、いつもの手法を駆使《くし》して、次々にマスコミ各社において在日の採用を認めさせていったのだ。

最初は少数だった在日社員も年を重ねるごとに増加していき、やがて出世して人事に影響を及ぼすことができる在日が出てくると、在日の採用枠を増やしたり、在日の部下を昇進で優遇したり、重要なポストにつけるようになっていった。気がついた時には多くのマスコミが、在日に半ば乗っ取られたような状態になってしまっていたのだ。

上司や同僚に在日が大勢いるような環境では、在日に批判的な記事など書けるわけがないだろう。想像してみてほしい。「日本人狩り」の過去を持ち、「チョッパリには何をしようが構わない」「在日は強制連行の被害者」と考えているような恐ろしい人間がすぐ隣に座っているのだ。

在日上司は「差別主義者」がいないか目を光らせている。さらに社員の情報（住所や家族など）が外部の暴力的な在日組織に筒抜けになっている可能性もあるのだ。また、在日社員が本名で勤務しているとは限らないのだ。日本人と思ってうっかり在日を批判するような話をしてしまい、実は相手が通名で日本人に化けていた在日だったら、まったく目も当てられないではないか。

もちろんマスコミ各社の汚染（汚鮮）の程度は、会社によってそれぞれ違いがある。ほぼ乗っ取られた会社もあれば、大した影響力を持つまでに到っていない会社もあるだろう。ＮＨＫや朝日新聞などはかなり汚染（汚鮮）されているといわれているが、どの会社も在日の採用数や在日社員の人数を公表していないので実態は闇の中である。だが多くのマスコミが自民党を激しく攻撃してネガティブキャンペーンを展開し、民主党政権の成立を促《うなが》すかのような偏《かたよ》った報道を行なっていたことは事実なのだ。

余談だが『朝鮮高校の青春　ボクたちが暴力的だったわけ』の著者である金漢一が、在日特別枠で朝日新聞に採用されたという証拠はない。

日本人に化けた在日社員
多くの在日がマスコミに潜り込んでおり、その多くは通名で日本人のフリをしながら日本や日本人を断罪し、在日犯罪を通名報道で隠蔽し、韓国や在日を称える記事を書いているのである。

それどころか、同書では躍動感あふれる巧みな文章で在日による「日本人狩り」の実態を見事に描き切っており、著述家として優《すぐ》れた才能があることは疑いない。金漢一はその才能や思想傾向を評価されて、朝日新聞に採用されたのではないだろうか。

朝鮮系帰化人の国会議員

民主党をはじめとする左派政党などには、帰化した元在日外国人の国会議員が多数存在しているといわれている。

民主党所属の参議院議員である白眞勲《はくしんくん》は、元在日韓国人であることを公表した上で立候補している。有権者は元在日という出自《しゅつじ》を承知の上で投票しているので、白眞勲については批判するつもりはない。民主党では他にも元台湾国籍の村《むら》田《た》蓮舫《れんほう》（参議院議員）や、元フィンランド国籍のツルネン・マルテイ（元参議院議員）なども元の国籍を公表している。国籍は学歴や職歴などと同様に、その候補者について知るための重要な情報であり、帰化する前の国籍を有権者である日本国民に対して明らかにするのは当然の義務といえる。

しかし白眞勲を唯一の例外として除くと、民主党の全ての元在日韓国・朝鮮人の国会議員が、元在日という出自を隠したまま立候補しており、有権者である日本国民を欺いて当選しているのだ。

たとえば昭和50年（１９７５年）８月29日の官報（第１４５９８号）を見ると、Ｆという男性が日本国籍に帰化していることを確認できる。現在このＦは民主党所属の参議院議員となっているのだが、帰化した元在日であるという有権者にとって重要な情報を、これまで一切公表していないのだ。

かつて民主党所属の衆議院議員だったＹ（現在は落選）は、以前はＫという名前の在日だったが、養子縁組を利用してＦという名前に変え、さらにＹに改名した後に選挙に出馬しているのだ。まさに国籍・名前ロンダリングである。もちろんこのような怪し過ぎる過去については、Ｙのプロフィールからは完全に抹消《まっしょう》されており、Ｙの公式サイトを見ても何も書かれていない。

韓国人が帰化して日本人の名前に変えて、あたかも生粋《きっすい》の日本人であるかのように偽装して、何年か前までは韓国人だったという事実を有権者に隠したまま国会議員に当選する。そんな恐ろしいことが平気でまかり通っているのである。国会議員が学歴を偽って当選した場合は「学歴詐称《さしょう》」で議員辞職となることが多い。しかし国会議員の「出自詐称」についてはなぜか不問に付《ふ》されているのだ。

さらに元在日の国会議員の中には、在日の悲願である「日本乗っ取り」のために議員になることを選び、そのための手段として帰化した者（偽装帰化人）も数多く含まれていると思われるのだ。こうした「偽装帰化人」は国会だけでなく、地方議会や公務員、マスコミなどにも数多く潜り込んでいるといわれている。通名で日本人のフリをしている在日だけでなく、元在日の偽装帰化人も日本社会の各方面で暗躍しているのである。

民主党を支援する民団

「外国人に政治活動の自由はあるか」について争われた、いわゆる「マクリーン事件」裁判において、最高裁判所（昭和53年10月4日大法廷判決）は、「外国人の政治活動の自由はわが国の政治的意思決定又はその

学歴詐称と出自詐称

明治大学中退と学歴詐称した参議院議員の新間正次（民社党）は、公職選挙法違反で起訴されて議員失職している。同様にペパーダイン大学卒業と学歴詐称した衆議院議員の古賀潤一郎（民主党）も議員辞職に追い込まれている。日本では「学歴詐称」が発覚すれば政治家生命が絶たれることになるのだ。しかし元韓国人（朝鮮人）であることを隠して有権者を欺いている「出自詐称」の議員については、なぜか見逃されているのである。

実施に影響を及ぼす活動等を除き保障される」との判断を示した。微妙な判決だが、ともかく「政治的意思決定又はその実施に影響を及ぼす活動」は禁じられたと解釈していいだろう。

しかし在日本大韓民国民団（民団）は、ロビー活動、ネット工作、民主党への選挙協力などといった「政治的意思決定又はその実施に影響を及ぼす活動」を公然と行なっている。民団職員の身分は韓国の公務員に相当し、給料も事実上韓国から支給されている。韓国は民団を経由して明らかな内政干渉を行なっているのだ。

２０１１年には在日から違法献金《けんきん》を受けていた前原《まえはら》誠司《せいじ》外相（当時）が「外国人参政権を成立させる」と民団に約束していたことが発覚している。政治資金規正法では外国人からの献金を禁止している。これは外国勢力から政治的圧力を受けるのを防ぐためである。だが前原以外にも多くの民主党議員が在日から違法献金を受けていたことは周知の事実である。

在日が「日本乗っ取り」に欠かせないと考えているのが、この「外国人参政権」である。これは在日外国人が日本の参政権を行使して、直接

在日から違法献金
現在、多くの在日が通名で日本人のフリをして生活している。献金を持ちかけてきた人が実は日本人に化けた在日であるとは気付かず、うっかり献金を受け取ってしまうケースも頻発しているという。

日本の政治を動かすことを可能とする凄《すさ》まじい「在日特権」である。「外国人参政権」は国家の主権や独立を脅《おびや》かす恐れがあるとして、日本人の多くが反対している。「外国人参政権」が成立すれば日本は完全に在日の手に落ちて、日本人は在日の奴隷になってしまうといっても過言ではないのだ。逆にいえば在日にとってどうしても手に入れたい「在日特権」であるといえる。「スヒョン文書」が書かれた頃（２００７年）の在日の最大目標が「外国人参政権」の獲得であり、そのために民主党を支援して政権交代を成し遂げようとしたのである。

在日マスコミの自民党バッシング

２００７年の参院選で民主党は勝利し、２００９年の衆院選は政権交代をかけた激しい戦いとなった。この選挙で在日は民主党を支援して組織的に選挙活動を行なったのだ。選挙資金の援助だけでなく、宣伝カーに同乗する、街頭演説中にビラを配る、街頭演説のサクラを動員する、ポスターを貼る、有権者に電話で支持・投票を依頼する、などの労働力の提供を行なったのだ。

そしてマスコミ内部に潜り込んだ在日たちも、それぞれの権限や影響力が及ぶ範囲で全力を尽くして、民主党支援に血道《ちみち》を上げたことはいうまでもない。自民党を激しくバッシングすると同時に民主党を持ち上げる報道を繰り返し、政権交代を歓迎する空気を作り上げていったのだ。多くのメディアが当時の麻生太郎《あそうたろう》総理に対して「漢字が読めない」「カップラーメンの値段を知らない」「ホテルのバーで飲んでいる」などとネガティブキャンペーンを展開する一方で、在日に国を売り渡そうとする民主党の危険性について報じるメディアはごく少数だったのだ。

現在では有権者を騙して投票させる「疑似餌《ぎじえ》」であったことが明らかになっている民主党の「マニフェスト」についても、まともに検証して批判的に報道したメディアはあまりにも少なかった。

「スヒョン文書」でも「マスコミ各社に勤めている同胞たちも自民党の不祥事は徹底的に報道して、民主党の失言などはやりすごすような体制ができています」「大手新聞社やテレビ局はすべて抑えてある」などと豪語されていたが、現実に多くのマスコミが在日の影響下に置かれていると考えておくべきだろう。

ホテルのバー
多くのマスコミは麻生太郎総理がホテルのバーで飲んでいたことを取り上げて、「庶民感覚から懸け離れている」などとバッシングした。その一方で民主党代表の鳩山由紀夫を「居酒屋に行く庶民派」などと持ち上げたのである。ご存知のように鳩山由紀夫は、ブリヂストン創業家出身で大株主の母を持つ大富豪である。

皇室は朝鮮人のテロの標的

かつて第二次世界大戦の終戦から数年の間、在日は「戦勝国民」を自称し、敗戦のショックで虚脱状態に陥《おちい》っていた日本人を「敗戦国民」と呼んで蔑《さげす》み、全国各地で日本人に対する暴行、強姦、虐殺行為などを繰り返した。日本軍は消滅して警察も極度に弱体化していたため、旧陸軍の武器を盗んで武装していた朝鮮人集団に為《な》す術《すべ》がなかったのだ。さらに図に乗った朝鮮人は、朝鮮人による日本革命を成し遂げて「戦勝国民」「支配民族」として日本を統治し、「敗戦国民」「劣等民族」であるとする日本人を支配することを目論《もくろ》んだ。

現代の若い人たちには荒唐《こうとう》無稽《むけい》な話としか思えないかもしれないが、第二次世界大戦の終戦直後というのは人類史上最大規模といっても過言ではないくらいの激動の時代であったのだ。世界中で国が滅《ほろ》んで国が興《おこ》り、旧体制が崩壊して独立と革命が押し寄せた。そんな時代の熱気と狂乱の中で、日本敗戦によって集団的狂躁《きょうそう》状態になっていた朝鮮人が、日本人への虐殺・強姦などを繰り返した果てに、日本革命、日本乗っ取りを企てたとしても、当時の時代背景を考えればそれほど荒唐無稽な話

独立と革命
たとえば東南アジアはタイを除いて全て欧米諸国の植民地だったが、第二次世界大戦後にマレーシアやインドネシア、ベトナムなどが次々と独立を果たした。中国では国共内戦が始まり、毛沢東率いる共産勢力が優勢となっていた。当時は日本でも近いうちに共産革命が起こると信じている人が大勢いたのだ。

ではなかったのだ。

「血のメーデー事件」（１９５２年5月1日）では、共産主義勢力が指導する数万人規模のデモ隊が暴徒化して「人民広場（皇居前広場）の奪還」「日本の再軍備阻止」などを叫んで皇居前広場に突入し、警備の警官隊と激突して多くの死傷者が出ている。このデモ隊の先頭に立っていたのは北朝鮮旗を翻した数千人の朝鮮人らの集団であり、彼らは先陣を切って皇居の方に向かって殺到し、それを阻止しようとした警官隊に襲い掛かったのだ。もしこの時警備が突破されて、昭和天皇や皇族が朝鮮人に殺害されていたら、日本は大混乱に陥って一気に革命へとなだれ込んでいたかもしれないのだ。

実はそれ以前にも昭和天皇は朝鮮人のテロによって、あやうく命を奪われかけたことがあるのだ。１９３２年1月8日、朝鮮人テロ組織「韓人愛国団」のメンバーであった李奉昌《イボンチャン》は、昭和天皇が乗った馬車に手《しゅ》榴弾《りゅうだん》2発を投げつけたのだ（桜田門事件）。幸いにも手榴弾は馬車から大きく外れたため昭和天皇は無事だったが、警備の近衛《このえ》兵などが負傷している。戦前も戦後も常に皇室は朝鮮人のテロの標的だったのだ。

韓人愛国団
大韓民国臨時政府主席だった金九が上海で組織した反日テロ組織。桜田門事件の他に、上海天長節爆弾事件などのテロ事件を起こしている。金九は日本人を狙った強盗殺人事件で有罪となって服役していたが、脱獄して上海に逃亡していた。

外国人参政権と日本乗っ取り

終戦直後の朝鮮人は武装して略奪、暴行、殺人、強姦などを繰り返し、それを取り締まろうとする警察官に襲い掛かり、また逮捕された仲間を奪還するために警察署を襲撃するなど、まさにやりたい放題、暴虐《ぼうぎゃく》の限りを尽くした。さらに図に乗った朝鮮人は「戦勝国民」として日本を統治して「敗戦国民」である日本人を支配することを目論んだ。だが朝鮮人による「日本乗っ取り」は、大規模な暴動を起こすことはできたが、革命を起こして暴力的手段で日本を乗っ取ることには成功しなかった。

終戦直後の動乱期が過ぎて治安が回復し、武器を持って白昼堂々と略奪や殺人を行なえるような時勢《じせい》ではなくなってくると、次に在日は集団で役所や税務署などに押しかけて、生活保護や税金免除などを要求する「権利獲得運動」を積極的に行なうようになった。朝鮮人の無法な要求を拒む職員は取り囲んで恫喝し、または集団暴行を加えて強引に優遇措置を認めさせ、それらはやがて「在日特権」として既得権《きとくけん》化していったのだ。

やがて役所の職員を吊るし上げたり直接的な暴力を振るうことが難し

くなってくると、暴力の比率を下げて「強制連行の被害者」「差別されている」という主張を前面に出すようになっていった。集団抗議、集団抗議電話などで業務妨害を行ない、差別者として糾弾《きゅうだん》すると脅す、さらに匿名《とくめい》の手紙や電話で本人や家族を脅迫する、など手口が巧妙化していったことも見逃せない。

　さらに「就職差別」であると言いがかりをつけて、マスコミなどに在日採用枠を認めさせていった。その結果、多くのマスコミが在日に半ば乗っ取られてしまった。また、いくつかの自治体に事実上の在日教員枠を認めさせており、日本の子供たちが捏造された歴史や朝鮮語などを強制的に教え込まれるという被害が多発している。

　また、偽装帰化した元在日が国会議員となって、日本を在日に都合が良い国に作り変えようと暗躍している。在日の悲願である「外国人参政権」が成立してしまえば、この日本は完全に在日の支配する国となってしまうのだ。現在の自民党の安倍政権では「外国人参政権」が可決する可能性はほとんどなく、在日による「外国人参政権」獲得運動も停滞している。だが、政権が変われば風向きが変わることも十分にあり得るの

偽装帰化
米国では帰化する際に、国家への忠誠を誓わなければならない。だが日本では国家への忠誠を誓う必要はなく、書類が揃ってさえいれば受理されるのである。

だから、油断は禁物である。

在日というのは、終戦直後から現在に到るまで一貫して「日本乗っ取り」を画策《かくさく》し続けている本当に恐ろしい集団なのである。

2章に渡って「在日」と「在日問題」について解説してきた。「在日」とは何か、「在日問題」とは何か、初めてこの問題に触れる読者諸兄にもご理解いただけたのではないだろうか。「在日問題」の解決なくして日本の未来はないといわざるを得ないのだ。

第3章　韓国は日本の「敵国」なのか

——反日に狂奔する戦争犯罪国家

韓国は日本の「敵国」なのか

安倍総理の韓国への「絶縁宣言」

２０１５年３月、外務省の公式サイトで公開している各国についての情報ページの中で、韓国に関する記述に変化が起こった。以前は韓国について「韓国は我が国と自由と民主主義、市場経済等の基本的価値を共有する重要な隣国であり、近年、両国の関係は一層の深みと広がりを見せている」と紹介していたが、この時から「韓国は我が国にとって最も重要な隣国であり、近年、両国の関係は一層の深みと広がりを見せている」と記述内容が変更され、「基本的価値を共有する」という表現がなくなったのだ。同年４月に発表された外交青書《がいこうせいしょ》でも、韓国についての記述に同様の変更が行なわれていた。

安倍晋三《しんぞう》総理は２００６年10月の韓国訪問で盧《ノ》武《ム》鉉《ヒョン》大統領と首脳会談を行ない、「日韓両国は自由、民主主義、基本的人権、そして法の支配、市場経済という基本的な価値を共有する」とスピーチしていた。

だが２０１５年2月の国会演説で安倍総理は、オーストラリア、ＡＳＥＡＮ諸国、インド、欧州諸国を「基本的価値を共有する国」として挙げたのに対し、韓国については「最も重要な隣国」とだけ表現したのだ。つまり日本政府は韓国を「基本的価値を共有する国」とは認めないと宣言したのである。

さらに安倍総理は２０１５年8月に発表した「安倍談話」（戦後70年談話）の中で、このように述べている。

「我が国は、自由、民主主義、人権といった基本的価値を揺るぎないものとして堅持し、その価値を共有する国々と手を携えて、積極的平和主義の旗を高く掲げ、世界の平和と繁栄にこれまで以上に貢献してまいります」

日本は韓国を「基本的価値を共有する国」ではないとした上で、「基本的価値を共有する国々と手を携える」と宣言したのである。つまりこれは日本政府が韓国に対して事実上の「絶縁《ぜつえん》宣言」を行なったということに他ならないのだ。

日本政府がそのような態度をとるきっかけとなったのは、韓国地検に

安倍談話
戦後70年となる２０１５年の8月14日に、安倍晋三総理が閣議決定に基づき発表した声明。談話には「あの戦争には何ら関わりのない、私たちの子や孫、そしてその先の世代の子どもたちに、謝罪を続ける宿命を背負わせてはなりません」とあり、「謝罪外交」に終止符を打つ意思を表明した。

よる産経新聞支局長の名誉毀損《きそん》起訴事件である。この事件によって、韓国は民主主義国家ではなく、言論の自由も報道の自由も存在せず、法治国家でもないことが白日の下に晒《さら》されたのだ。これを受けて「基本的価値を共有する国」という表現が削除されることになったといわれているが、それはあくまでも直近《ちょっきん》のきっかけに過ぎない。日本にとって韓国という国は、基本的価値を共有できないだけに留《とど》まらず、共存すらできない国であることが、一般の国民だけでなく政府関係者の間でも共通認識となりつつあるのだろう。

7割以上の韓国人が「日本が嫌い」

かつては多くの日本人が韓国という国について「自由、民主主義、市場経済などの基本的価値を共有する重要な隣国であり、北朝鮮や中国の脅威《きょうい》に共に立ち向かう同盟国にして友好国」であると思い込んでいた。だが、そのような認識は全て間違っていたのではないだろうか。

日本のＮＰＯ法人「言論ＮＰＯ」と韓国のシンクタンク「東アジア研究院（ＥＡＩ）」が２０１５年５月に発表した第３回日韓世論調査の結

産経新聞支局長の名誉毀損起訴事件
２０１４年８月３日付『産経新聞』のコラムで朴槿恵大統領の名誉を毀損したとして、同年10月、加藤達也ソウル支局長が在宅起訴された。２０１５年12月17日にソウル中央地裁で判決公判が開かれ、無罪が確定した。

果によると、韓国人の7割以上（72・5%）が日本に対して「悪い印象を持っている」つまり「嫌い」だと回答している。一方、日本人も5割以上（52・4%）が韓国について「悪い印象を持っている」と回答している。日本を同盟国、友好国であると考えている韓国人はごく少数派で、韓国人の多くが日本を「敵国」として認識していることがわかる。

勘違いしている人もいるかもしれないが、そもそも日本と韓国は同盟関係にないのだ。「日米同盟」あるいは「米韓同盟」という言葉は聞いたことがあると思うが、「日韓同盟」なんて聞いたことがないはずだ。

日本は米国と「日米安保条約」を締結《ていけつ》しており、同様に韓国は米国と「米韓相互防衛条約」を締結している。だから日米同盟、米韓同盟は存在している。しかし日本と韓国はそのような条約を締結していないので、日韓同盟関係など最初から存在していないのである。

韓国人「日本は軍国・覇権主義国家」

前出の第3回日韓世論調査による「相手国の現在の社会・政治体制」について聞く設問では、韓国人が考える「現在の日本の社会・政治体

米韓相互防衛条約
米国と韓国の間で結ばれた軍事同盟に関する条約。1953年10月1日調印、翌年11月17日発効。1993年に平時の作戦統制権は米軍から韓国軍に移管された。戦時の作戦統制権についても2012年に韓国軍に移管される予定だったが、2015年に延期され、さらに2020年代中頃まで延期された。

制」として最も多かった回答が、なんと「軍国主義」（56・９％）であり、「覇権《はけん》主義」（34・３％）、「国家主義」（34・３％）などを挙げる人も驚くほど多かった。

さらに韓国では58・１％が「日本に軍事的脅威を感じる」と答えているが、これは１位の北朝鮮（83・４％）に次ぐ堂々の２位であり、なんと中国（36・８％）を大幅に上回っているのだ。朝鮮戦争で北朝鮮側に立って参戦した敵国であった中国よりも、日本に対して軍事的脅威を感じると、韓国人たちは本気で思っているようである。

「日韓間で軍事紛争は起きるか」を聞いた設問でも、「将来的には起こると思う」という回答が日本では８・６％だったのに対して、韓国は４倍近い32・５％だった。

韓国人にとって日本という国は、韓国に対して軍事的脅威を与えている軍国主義国家で、北朝鮮に次ぐ第２位の仮想敵国で、将来的に日韓戦争は避けられないという認識なのである。つまり韓国人にとって日本は「敵国」に他ならない存在なのだ。現在のところ第１位の敵国である北朝鮮は同じ朝鮮民族の国であり、将来南北統一を果たした時には、「統一コリア」の第１位の仮想敵国となるのが日本であることはいうまでもないだろう。

中韓の首脳が日本に「高強度警告」

韓国では国民の多くが日本を敵国と見なしているようだが、責任ある立場の政治家などはさすがに一般の韓国人とは違うだろう、などと考えた読者も多いのではないかと思うが、残念ながら韓国人というのはそんな甘い人たちではない。

２０１４年７月５日付『中央日報』に掲載された「日本に高強度警告メッセージ送った韓中首脳」というタイトルの記事を紹介する。

朴槿恵（パク・クネ）大統領と中国の習近平国家主席が昨日、日本に対して高強度の警告メッセージを送った。両首脳は特別昼食会で、日本の集団的自衛権行使のための憲法解釈変更、日本軍慰安婦の強制動員を認めて謝罪した河野談話の毀損の動きに対して憂慮を表示した。

（２０１４年７月５日付『中央日報』より）

日本軍慰安婦の強制動員
韓国人は「20万人の朝鮮人女性が日本軍に強制連行されて慰安婦となった」と主張している。もちろん朝鮮人女性が強制連行された事実はなく、慰安婦の正体は、軍人相手に商売をしていた単なる売春婦に過ぎない。

韓国大統領が中国国家主席と共に、日本の集団的自衛権に反対する声明を出したのである。日本が集団的自衛権を行使する状況として考えられるケースは、日米安保条約によって同盟関係にある米国が北朝鮮や中国と戦争状態になった時である。たとえば韓国が北朝鮮から攻撃を受けた場合、米韓同盟に基づいて米軍は韓国を防衛するために在日米軍基地などから出動し、朝鮮半島で北朝鮮軍に対して軍事行動を行なうことになる。その際に自衛隊が米軍を支援するために、集団的自衛権が必要となるのだ。

つまり日本の集団的自衛権というのは韓国にとって不利益どころか利益しかないはずなのだが、なぜか中国や北朝鮮と歩調を合わせて強硬に反対していたのである。一見すると頭がおかしいとしか思えないが、韓国が日本を仮想敵国と見なして将来の日韓戦争に備えているのであれば、むしろそれは理にかなった行動であるといえる。敵国の軍隊である自衛隊には、なるべく多くの足枷《あしかせ》が付いていたほうが都合が良いと、韓国が考えるのは当然ではないだろうか。韓国は目先の北朝鮮や中国の軍事的脅威に備えるよりも、将来において必ず起こるであろう日韓戦争の勝利

集団的自衛権
ある国が武力攻撃を受けた場合に直接に攻撃を受けていない第三国が協力して共同で防衛を行なう国際法上の権利。１９４５年に発効した国連憲章の第51条に「固有の権利」として規定されている。

に向けて布石《ふせき》を打つことを選んだのだ。

日本を米韓同盟の仮想敵国に

韓国は一般大衆から大統領に到るまで全国民が日本を憎悪して敵国と見なし、将来の日韓戦争を覚悟しているといわざるを得ない。集団的自衛権への反対以外にも、韓国政府は日韓戦争に備えるための様々な布石を打っているのだ。

２０１２年７月２日付『中央日報』に驚くべき記事が掲載された。２００５年10月の韓米定例安保協議会の席上において、韓国政府は米国政府に対し、なんと日本を米韓同盟の仮想敵国として加えることを要求していたのだ。

この事件についてハンナラ党元代表の鄭夢準《チョンモンジュン》は「日本に対する一般国民の感情がよくなく、独島が常に問題になるので、盧大統領が提案したものだが、韓国と日本が同じ自由民主主義国家で、そうでない国家に対抗して手を握ることを望んでいた米国側が非常に当惑していた」と当時の状況を語っている。米軍の力を借りて日本と戦争しようと画策していたこと、そのような狂った計画を他でもない盧武鉉大統領（当時）自身が主導していたこと、などが明らかになっているのだ。

　それにしても、こんな正気を疑うような要求を聞かされて、目を白黒させていたであろう米国外交当局者の心中を忖度《そんたく》して、失笑《しっしょう》を禁じ得なかった読者もいたかもしれない。しかし、盧武鉉大統領や韓国外交当局者はふざけていたわけではなく、米韓同盟でもって対日戦争に勝利して日本を叩き潰《つぶ》そうと本気で考えていたのである。まさに狂人としか形容の仕様がないが、このような狂人の群れが大統領をはじめとする権力の座についているのが韓国なのである。そう考えると失笑も凍りつかざるを得ないのではないだろうか。

米高官「韓国人は頭がおかしい」

　２０１４年１月16日付『朝鮮日報』によると、盧武鉉大統領は米国のロバート・ゲーツ国防長官（当時）と２００７年11月に会見した際に、「アジアで最大の安全保障上の脅威は米国と日本だ」と述べたそうである。日本だけでなく、なんと米国もアジアの敵にされてしまったのだ。よく

盧武鉉大統領
第16代韓国大統領（２００３年～２００８年）。１９４６年生まれ、日本統治時代を経験していない初めての大統領である。大統領退任後に側近や実兄が収賄などで逮捕・起訴され、自身も検察から事情聴取を受けた。２００９年５月、盧武鉉は自宅の裏山から身を投げて自殺した。

わからないが「アジアの敵である日本を仮想敵国とする要求を一蹴《いっしゅう》した米国はアジアの敵である」という論理なのだろうか。「アジアの敵になりたくなかったら、要求を受け入れて日本を仮想敵国として認定しろ」と伝えたかったのかもしれないが、狂人の心中を推《お》し量《はか》ることは困難であるといわざるを得ない。

　ゲーツ元国防長官は退任後に執筆した回想録『Duty』（２０１４年）の中で、盧武鉉について「おそらく少し頭がおかしい（probably a little bit crazy）という結論を下した」と書いている。盧武鉉政権は米国に日本を仮想敵国として認定させることには失敗したが、「韓国人は頭がおかしい」と認定させることには成功したのだ。

　たしかに日本人や米国人から見れば「韓国人は頭がおかしい」としか思えないだろう。しかし、韓国人の脳内では「対日戦争勝利」という最終目標に向けて、あらゆる布石を打っているつもりなのだ。そのような韓国人の執念を馬鹿にして笑っていると、いつか足元をすくわれるのではないだろうか。

韓国人は頭がおかしい
大統領や外交当局者ですらこの有様なのだから、一般大衆の知的水準については推して知るべしである。

国家による反日教育

韓国人の頭がおかしくなっている理由のひとつとして、国家による反日教育の存在が挙げられる。反日教育によって子供の頃から日本に対する憎悪や偏見を徹底的に叩き込まれるのだ。そのような環境ではまともな人間が育つはずがなく、頭がおかしい韓国人が大量生産されているのである。

反日教育については、２００５年に起こった反日絵展示事件があまりにも有名である。この事件によって韓国では公教育で反日教育を行なっていること、それによって子供たちだけでなく全国民の頭がおかしくなっていることが広く知られるようになったのだ。この記念碑的な事件は永遠に語り継がなければならない。

韓国西北部の仁川にある桂陽中学校で独島（日本名・竹島）をテーマにした絵を描く授業があった。反日教育で頭がおかしくなっている中学生たちは、日の丸を焼く、日の丸を引きちぎる、日本を爆撃する、日本で地震が起こって日本人が死ぬ、日本人を殴る、リンチする、撃ち殺す、刺し殺す、などの様々な反日絵を描いたのだ。この授業では、驚くべき

韓国桂陽中学の生徒が描いた反日絵

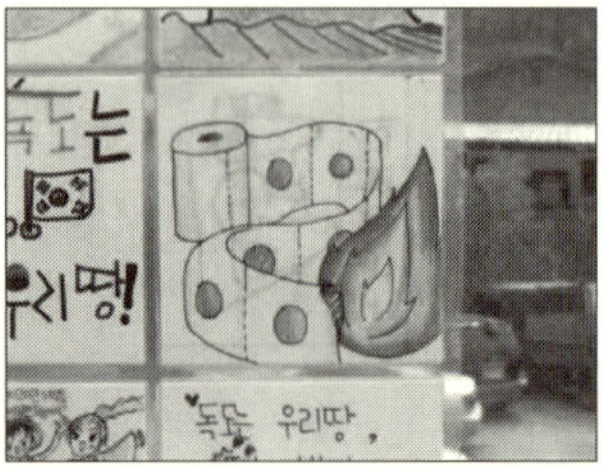

ことにそのほぼ全てが反日絵で占められていたが、もちろん教師は生徒を注意することもなく描き直しをさせることもなかった。それらの1000点を超える反日絵が、仁川地下鉄橋峴駅構内の特設会場に1カ月に渡って展示されたのだ。

　ここで特筆すべきは、地下鉄駅というパブリックな空間に1カ月も展示されていたにもかかわらず、この展示会を問題視して抗議した韓国人は皆無だったことだ。この反日絵展示会は授業の一環として校長や地下鉄を運営する会社などの許可を得て行なわれたものである。駅の利用者や付近の住民、我が子の展示作品を見に来たであろう生徒の保護者などからも、一切反対の声が出なかった。

　つまりこれが韓国で日常的に行なわれている一般的な教育の姿であり、韓国人は感覚が麻痺《まひ》して正常な判断力を失っているといわざるを得ない。韓国人は完全に頭がおかしくなっており、他民族への憎悪に満ちた絵を子供に描かせることに何も疑問を感じなくなっているのだ。反日教育を受けている子供たちだけでなく、老若男女全ての韓国人が例外なく反日一色に洗脳されていることが明らかとなったのだ。

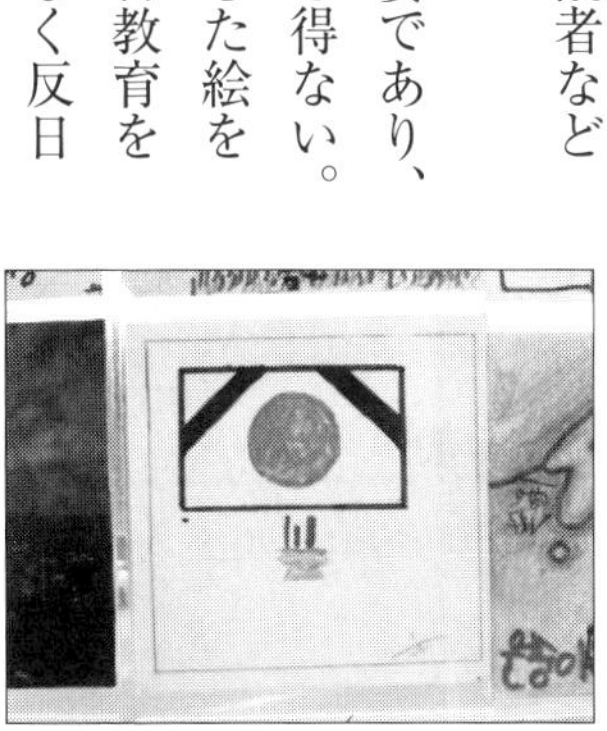

世界が震撼した反日絵展示会

反日絵展示会は韓国ではごくありふれた日常の風景だったが、偶然この反日絵展示会に遭遇《そうぐう》したカナダ人旅行者にとっては驚愕《きょうがく》の光景だった。このカナダ人旅行者によって撮影された反日絵展示会の写真がインターネットで紹介され、ついには欧米メディアでも報道されて世界中で大反響を呼ぶことになった。それまで国内からの批判は皆無だったが、欧米メディアに取り上げられて欧米人から非難されたため、展示会は急遽《きゅうきょ》中止されることになったのだ。

公教育で反日教育を行なって子供に日本人への憎悪を植えつけ、授業で日本人虐殺を扇動《せんどう》するような反日絵を描かせて、それを何の疑問もなく公共の場所に堂々と展示し、欧米メディアから非難されるまではその異常性を指摘する韓国人は皆無だったのだ。

カンボジアのポルポト政権やネパール共産党毛沢東主義派などでは、支配地域の子供を洗脳して敵への憎悪を植えつけて、躊躇《ちゅうちょ》なく人を殺せる少年兵に仕立て上げていたことが知られている。同様に韓国でも将来の日韓戦争に備えて、躊躇なく日本人を殺せる少年兵が生み出されて

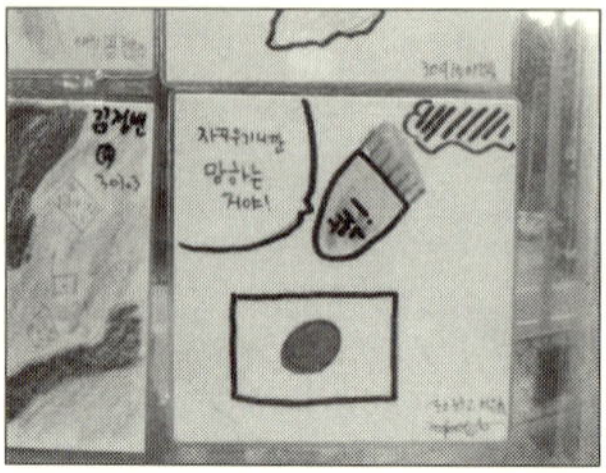

いるのだ。

「親日売国奴」を撲殺した「愛国義士」

韓国独立後に生まれて反日教育を受けた世代のほうが、日本統治時代を経験している世代よりも反日感情が強いといわれている。老人世代は日本統治時代がどういうものだったか実体験として知っているので親日的な人間が比較的多いのに対し、若い世代は反日教育で植えつけられた歪《ゆが》んだ知識と被害妄想しか持ち合わせていないので、反日的な人間ばかりになってしまうのだという。

２０１３年９月12日付『世界日報』によると、同年5月にソウル市の公園で仲間と世間話をしていた95歳の老人が日本統治時代について「日本の統治時代は良かった」と語ったところ、それを近くで聞いて激怒《げきど》した38歳の男に殴り殺されるという事件が起こっている。

95歳ということは１９４５年時点では27歳の青年であり、その年齢であれば日本統治時代の良いところも悪いところもよく見えていたのではないだろうか。日本統治時代から終戦、韓国独立、朝鮮戦争、経済成長

時代と激動の時代を生きてきた、まさに歴史の生き証人である。普通の人間であれば、たとえ自分の考えとは合わなくても、当時を知る老人の語る貴重な話に襟《えり》を正して耳を傾けたはずである。

　しかし残念ながら韓国人は普通の人類とは違っていたのだ。この加害者の男は「日本の統治時代は良かった」という言葉に怒りを抑えきれず、この老人の頭を何度も殴りつけて殺害したのである。日本統治時代どころか朝鮮戦争も知らない38歳の中年の若造が、実体験を語る老人の話を嘘だと決めつけて殴り殺したのだ。

　この事件が報道されると、インターネットではこの殺人犯を「真の愛国者」「愛国義士」「売国奴を処刑した英雄」などと称賛する声であふれかえり、その一方で被害者の老人を「親日売国奴」「殺されて当然」「病身売国老人」などと罵倒《ばとう》する書き込みで埋め尽くされたのだ。韓国は儒教の国だというが、儒教の敬老精神よりも反日精神のほうが上位に位置しているらしい。

中高校生が選んだ仮想敵国1位は日本

　前出の第３回日韓世論調査での「軍事的脅威を感じる国・地域」を聞く設問では、１位が北朝鮮（83・４％）、２位が日本（58・１％）、３位が中国（36・８％）という結果になっている。この世論調査は韓国全国の19歳以上の男女を対象に行なわれたものだが、過去には韓国の子供だけを対象にして行なわれた調査があった。

　韓国全土の４００校以上の中学生と高校生を対象に実施した「青少年の国家観と安全保障観に関するアンケート調査」の結果が２０１１年に発表されている。それによると「韓国の敵国」はどこかという設問で１位を獲得したのは北朝鮮ではなく、なんと日本なのである。44・５％の中学生と高校生が「日本は敵国である」と答えており、ダントツの１位に輝いているのだ。２位の北朝鮮は22・１％と日本の半分以下で、３位の米国は19・９％で北朝鮮にわずかに及ばず準優勝を逃がし、４位の中国が12・８％、５位のロシアが０・６％という結果になっている。

　仮想敵国の１位が、今も38度線を挟んで対峙《たいじ》している共産独裁国家の北朝鮮ではなく、友好国という建前になっているはずの日本なのである。

反日絵に代表されるような歪んだ教育の成果が、はっきりと出てしまった結果といえるだろう。

「安倍、丸太の復讐を忘れたか」

学校を卒業しても韓国人は反日教育から永遠に解放されることはない。新聞やテレビ、ネットニュースなどでは膨大《ぼうだい》な量の反日記事が日夜垂れ流され、国民が反日精神を忘れないように血道を上げているのだ。

韓国有数の大手全国紙『中央日報』（２０１３年5月20日付）に、日本に原子爆弾が投下されたのは「神の懲罰《ちょうばつ》」であると主張する「安倍、丸太の復讐を忘れたか」という記事が掲載された。

神は人間の手を借りて人間の悪行を懲罰したりする。最も苛酷な刑罰が大規模空襲だ。歴史には代表的な神の懲罰が2つある。第2次世界大戦が終結に向かった１９４５年2月、ドイツのドレスデンが火に焼けた。６カ月後に日本の広島と長崎に原子爆弾が落ちた。

これらの爆撃は神の懲罰であり人間の復讐だった。ドレスデンはナチ

ドレスデン
第二次世界大戦末期の１９４５年2月、英空軍および米空軍はドイツ東部の都市ドレスデンへの無差別爆撃

に虐殺されたユダヤ人の復讐だった。広島と長崎は日本の軍国主義の犠牲になったアジア人の復讐だった。特に７３１部隊の生体実験に動員された丸太の復讐であった。

（中略）

ある指導者は侵略の歴史を否定し妄言でアジアの傷をうずかせる。新世代の政治の主役という人が慰安婦は必要なものだと堂々と話す。安倍は笑いながら７３１という数字が書かれた訓練機に乗った。その数字にどれだけ多くの血と涙があるのか彼はわからないのか。

（中略）

彼の行動は彼の自由だ。だが、神にも自由がある。丸太の冤魂がまだ解けていなかったと、それで日本に対する懲罰が足りないと判断するのも神の自由だろう。

キム・ジン論説委員・政治専門記者

（２０１３年5月20日付『中央日報』より）

いかがだろうか。まさに言葉も出ない凄まじい記事である。第二次世

を行なった。この爆撃によりドレスデンの街の85％が破壊され、2万人以上の一般市民が殺された。

界大戦末期に広島と長崎に原子爆弾が落とされたのは、神の懲罰によるものだったと主張しているのである。米軍は神の代行者として神罰を下したというのだろうか。こういった記事が当たり前のように発表され、誰も問題視しないのが韓国という国なのだ。

　記事の最後に「日本に対する懲罰が足りないと判断するのも神の自由だろう」とあるが、これは日本に再び原子爆弾を投下するべきだという主張に他ならない。「ある指導者は侵略の歴史を否定し妄言でアジアの傷をうずかせる。新世代の政治の主役という人が慰安婦は必要なものだと堂々と話す」などと、韓国は日帝の被害者であるとアピールしており、つまりこれは日本への次回の核攻撃を行なう資格がある国は韓国であると示唆《しさ》しているのだろう。この記事は「次の日韓戦争では韓国が神の代行者となって、原子爆弾という神の懲罰を日本に下してやる」という韓国人の決意表明文といっていいだろう。

　とても正気《しょうき》の沙汰《さた》とは思えないが、この記事に対して広島市長と長崎市長が抗議声明を出すまでは、韓国内では大して話題にもならず、特に問題にもならなかったのだ。韓国人にとっては、日常的に目にしている数多くの一般的な反日記事のひとつに過ぎなかったのだろう。

安倍総理の「軍国主義パフォーマンス」

　記事中に出てくる「７３１部隊」とは「関東軍防疫給水部本部」が正式名称で、第二次世界大戦中に満州で細菌兵器の研究のために人体実験を行なっていたという疑惑が持たれている部隊である。「丸太」というのは、当時７３１部隊で使われていたといわれる隠語《いんご》で、人体実験の被験者を指す言葉だったとされている。実際に人体実験があったかどうかについては諸説があるようだが、本稿では余談になるので論じることはしない。

　この記事には「安倍は笑いながら７３１という数字が書かれた訓練機に乗った」という文が唐突に出てくるが、これは安倍晋三総理が２０１３年５月に航空自衛隊松島基地を訪れた際、試乗した自衛隊機の側面に描かれていた機体番号が「７３１」だったことを糾弾しているのだ。もちろん安倍総理が７３１号機に試乗したのは単なる偶然であることは明らかなのだが、多くの韓国人はこれを「戦争挑発行為、軍国主義復活の

731部隊
関東軍の細菌戦部隊であったとされる731部隊は、1981年に刊行された『悪魔の飽食』（森村誠一著、光文社）によって広く知られるようになった。だが同書は日本共産党の機関紙である『しんぶん赤旗』での連載をまとめたものであり、信憑性には疑問が持たれている。

パフォーマンスである」と主張して猛抗議を展開し、安倍総理の謝罪を要求したのである。ヤクザも裸足《はだし》で逃げ出しそうな無茶ないい掛かりだが、もちろん韓国人は本気なのである。このような細かいネタをよく見つけてくるものだと逆に感心させられる。

日本への核攻撃は民族的願望

念のためにいっておくと、この記事が掲載されたのは2ちゃんねるでもなければツイッターなどでもなく、韓国の三大紙の一角を占める中央日報という大手全国紙である。この記事を書いたのは匿名のネットユーザーなどではなく、論説委員という要職にあるキム・ジンという記者である。このキム・ジン記者は優れたジャーナリストに贈られるという「大韓言論賞」を受賞している有名な大物記者なのだそうだ。

大手全国紙の論説委員が堂々と署名記事で書いたということからも明らかなように、原爆投下を神の懲罰であるとし、さらに日本に対して追加の核攻撃が必要であるとする主張は、韓国では異端どころかど真ん中の正論に他ならないのだろう。

さらに「７３１」の機体番号に異常反応して、これを「軍国主義的パフォーマンス」などと信じ込んでしまう驚異の精神構造は、韓国人と韓国社会の病状が深刻な域までに達していることを示している。

おそらく韓国人の精神状態は異常なストーカー犯罪者と同じなのだろう。韓国人は日本が気になって仕方がなく、常に日本を監視して謝罪と補償を要求するためのネタ探しに余念がないのである。この異常なストーカー民族は、反日教育で植えつけられた日本への憎悪と捏造された歴史による被害妄想で、完全に頭がおかしくなっているのだろう。そうでなければ「日本を核攻撃したい！」という願望丸出しの新聞記事などが出てくるわけがないのだ。

韓国人は北朝鮮の核開発疑惑に不安を覚える一方で、「将来北朝鮮を吸収して統一したら核保有国になれる」などと考えている者も少なくないという。もしその願望が実現して韓国が核兵器を保有することになったら、その照準は間違いなく日本に向けられる。そして韓国人が発射ボタンを押すまでの心理的葛藤《かっとう》は相手が日本人ということで、ほとんどないのではないかと思われるのだ。

北朝鮮の核開発疑惑
北朝鮮は１９９３年と２００３年にＮＰＴ（核拡散防止条約）脱退を通告。２００５年に公式に核兵器保有を宣言。２００６年、２００９年、２０１３年、２０１６年に核実験を実施。１９９３年以降、核弾頭の運搬手段となるミサイルの発射実験を断続的に行なっている。

女性皇族を「慰安婦にするしかない」

２０１５年５月15日、韓国「デイリージャーナル」に、秋篠宮《あきしののみや》家の次女である佳子《かこ》様を「慰安婦にするしかない」と主張する記事が掲載された。この記事を書いたのはチョン・ジェハク編集委員。記事では２０１５年４月に茨城県の海岸に多数のイルカが打ち上げられたことを持ち出して「イルカが日本の大地震を予言している」と主張。東京オリンピックが開催される２０２０年までに「（大地震によって）日本は地球上から消えているだろう」との見解を示した。

さらにチョン編集委員は、日本人は元慰安婦をただの売春婦であるかのように見なしているとして批判し、「もしチャンスが来れば、日本王室の佳子王女を慰安婦にするしかない」と主張したのだ。このチョン編集委員が主張する「佳子様を慰安婦にするチャンス」とは、おそらく「日韓戦争に勝利した時」を指しているのではないだろうか。そうだとすれば何とも恐ろしい話である。

多くの韓国人は「20万人もの朝鮮人女性が強制連行されて慰安婦にされた」という妄想を信じ込んでいる。その復讐として「日本人女を慰安

日本王室
韓国では天皇を日王、皇室を王室とわざわざ言い替えている。有史以来中国の属国・下僕であった朝鮮人は、「皇」という文字は中国皇帝だけが使用できると考えていた。だが現在も国際常識・慣習を無視して、頑なに天皇を日王と呼んでいるのは、反日感情による幼稚な嫌がらせに過ぎない。ー

婦にしてやる」という願望を持っている者も多いようで、そういった主張はこれまでにもインターネットなどでは頻繁に見られたのだ。だがこの記事はネット掲示板の無責任な書き込みではなく、「デイリージャーナル」に掲載された編集委員の署名記事なのだから、まったく驚くばかりである。

韓国人の反日娯楽

韓国では韓国人の「日本を屈服させたい」「日本を滅ぼしたい」「日本を核攻撃したい」という民族的願望を満たしてくれる反日娯楽作品が一定の人気を集めているという。

膨大な数の反日娯楽作品が粗製乱造されているそうだが、小説では『ウイルス壬辰倭乱』『ムクゲの花が咲きました』『皇太子妃拉致事件』『百済書記』『李舜臣の帝国』『安重根が安倍に向かって発砲』など、映像作品では『憤怒の王国』『ムクゲの花が咲きました』『ユリョン』『ロストメモリーズ』『韓半島』『ミョンリャン』などがヒットしたという。

これらの作品の多くは「日本が韓国の正しさを認めて謝罪する」「日

方、現在の中国では天皇、日皇という呼び方が一般的であり、公的な文書では天皇陛下と敬称を付けて記載されている。

韓戦争で韓国が勝利する」というどれも似たような内容ばかりだそうだが、『ムクゲの花が咲きました』（１９９５年公開）、『ユリョン』（１９９９年公開）など、日本を核攻撃する内容の作品が特に好まれるというからひどい話である。『皇太子妃拉致事件』（２００１年刊行）、『百済書記』（２００２年刊行）では、雅子《まさこ》皇太子妃殿下、愛子《あいこ》内親王など皇族が登場し、韓国人と恋に落ちたり、韓国の正しさを知って反省するのだ。

一方日本では嫌韓娯楽作品の存在など聞いたこともない。在日が「民族差別だ」「謝罪しろ」などと抗議してくる可能性がある以上、そんなものをわざわざ制作しようと思わないのは当然だろう。

反日テロリストがつくった反日国家

第二次世界大戦の終戦後、韓国は日本から独立することになったが、李《イ》承《スン》晩《マン》をリーダーとする反日テロリスト集団（大韓民国臨時政府）が権力を握ったことで、韓国は反日国家の道を歩むことになった。

１９４８年に韓国が建国されて初代大統領に就任した李承晩は、その翌１９４９年には早くも対馬領有を宣言し、対馬侵略を開始しようとしたのだ。建国してわずか1年であり、やるべきことは他にいくらでもあったはずである。かつて「大韓民国臨時政府」を自称するテロリスト集団は、日本に対して少人数で爆弾テロをやることくらいしかできなかった。それが韓国建国によって軍隊を手に入れたのだ。元テロリストたちは、軍隊を使ってみたい、日本を軍隊で攻撃して復讐したい、という欲望を抑えられなかったのだろう。

しかし、翌１９５０年に朝鮮戦争が起こったことで、対馬侵略計画は中止されることになったのだ。韓国に対馬を奪われずにすんだのは、金《キム》日成《イルソン》率いる北朝鮮軍が韓国を攻撃してくれたおかげなのである。

李承晩ラインと竹島侵略

朝鮮戦争中、日本は国連軍（米軍）の物資や兵員の海上輸送、補給、兵器の生産、修理などを担《にな》い、いわば兵站《へいたん》基地として機能することで韓国を支援した。さらに米軍の命令で朝鮮近海の機雷除去作業を行なっており、多くの死傷者を出している。しかし、韓国人はこのような日本の貢献《こうけん》に感謝するどころか、「戦争を利用して金儲けをして経済復興した」

対馬侵略計画
２００５年に韓国は「対馬の日」を制定している。これは慶尚南道馬山市が、島根県の制定した「竹島の日」に対抗して制定したものである。「対馬島が韓国領土であることを内外に知らしめ、領有権確立を目的とする」と明記されている。

と非難しているのである。

朝鮮戦争は１９５１年7月から休戦交渉が行なわれるようになった。事実上休戦状態になったことで、韓国は軍隊の一部を前線から移動させて「日本侵略部隊」の編成が可能となったのだ。そして１９５２年1月18日、韓国は「李承晩ライン」を突如宣言して、日本領土である竹島を侵略、占領したのである。

この李承晩ラインとは、韓国が一方的に公海上に設定した軍事境界線、排他的経済水域のことである。日本人は竹島だけでなく、周辺海域からも叩き出されたのだ。当時はサンフランシスコ平和条約の発効前であり、日本の主権が回復する前だった。また自衛隊もまだ存在しておらず海上保安庁では韓国軍に対抗することは不可能で、さらに憲法第9条に縛られており、韓国の竹島侵略に対して何も打つ手がなかったのだ。

韓国の戦争犯罪「日本人虐殺・拉致」

１９６５年に日韓基本条約が締結されるまでの13年間に、韓国によって拉致、抑留された日本人（主に漁民・船員など）は３９２９人、拿捕《だほ》

サンフランシスコ平和条約
米国など連合国諸国と日本との間の戦争状態を終結させるために締結された平和条約。韓国は「戦勝国」を自称して条約への参加を表明したが、戦争当時の朝鮮は日本領で朝鮮人は日本国民であり、日本と交戦した事実もなかったため、英国や米国の反対で却下されている。

された船舶数３２８隻、死傷者44人にもなるのだ。韓国に拉致された日本人は劣悪極まる環境の収容所に抑留されて栄養失調や病気に苦しみ、さらに殴られたり、顔を焼かれるなどの虐待、拷問《ごうもん》を受けたのだ。

日本は朝鮮戦争で兵站基地としての役割を担うことで韓国に多大な貢献をした。機雷の除去作業では多くの殉職《じゅんしょく》者まで出している。韓国にとって日本はいわば恩人であり、普通の国であれば感謝の意を表明したことだろう。だが韓国は日本という恩人に感謝するどころか、「竹島侵略」という恩を仇《あだ》で返す卑劣極まる行動をとったのだ。

当時の日本では朝鮮人が「戦勝国民」を自称し「敗戦国の法律は守る必要がない」と主張して日本人への暴行、略奪、殺人、強姦などを繰り返していた。「日本人には何をしてもいい」と朝鮮人は本気で考えており、金品を奪うだけでなく、日本人を追い出して土地まで奪っていたのだ。それと同じように韓国も「戦勝国」を自称して日本人を拉致、抑留、虐殺し、国際法を無視して日本領土の竹島を奪ったのである。

人質外交で在日犯罪者釈放を要求

韓国に拉致、抑留された約4000人の日本人は、韓国の「人質外交」に利用されることになった。現在の北朝鮮が拉致した日本人被害者を人質にして外交交渉に利用しているが、同様のことを韓国もやっていたのである。

韓国は拉致した日本人を解放する交換条件として、日本で逮捕されて収監されている在日犯罪者の釈放と日本での滞在許可を与えるように要求したのである。さらに李承晩による済州島などでの大量虐殺から逃れて密航してきた不法滞在者についても、滞在許可を出すように迫ったのだ。この済州島などでの虐殺を逃れてきた密航不法滞在の韓国人たちは、韓国政府からは共産シンパと見なされる不《ふ》穏《おん》分《ぶん》子《し》だったので、韓国に戻ってきてほしくなかったのだ。

こうして犯罪者と密航不法滞在者が超法規的措置で野に放たれることになった。これらの朝鮮人たちも「戦勝国民」を自称して、日本全国を存分に暴れまわったであろうことは想像に難《かた》くないのだ。

ならず者国家への天文学的援助

さらに韓国は抑留している日本人を使った「人質外交」で、国交正常化交渉を有利に進めようとした。韓国政府はテロリストや誘拐犯と同じ手口でまたも日本政府を脅迫したのである。結果として無償3億ドル、有償2億ドル、民間借款《しゃっかん》3億ドル、計8億ドルもの巨額の「経済協力金」を日本に支払わせることを約束させた。さらに日本は朝鮮半島に残してきた膨大な資産を放棄《ほうき》している。大蔵省財政史室編『昭和財政史　終戦から講和まで』（東洋経済新報社）によると、その総資産額は53億ドルにもなるという。

8億ドルの「経済協力金」は現在の感覚だと少なく感じるかもしれないが、当時（１９６５年）の韓国の国家予算は３・５億ドル、日本の外貨準備額は18億ドルだった。つまり8億ドルは当時の日本の外貨準備高の約半分に相当する物凄い額であり、韓国の「人質外交」は「身代金」を脅し取って大成功を収めたといっていいだろう。韓国という国は北朝鮮に勝《まさ》るとも劣らない最悪のならず者国家なのである。

この経済協力金に加えて、日本は韓国に対してこれまでに天文学的な

韓国の「人質外交」

韓国は軍事力で竹島を侵略し、さらに拉致した約４０００人の日本人を人質にして、様々な要求を突きつけた。日本が憲法第９条に縛られて何もできないことを利用したのである。現在の韓国では、憲法第９条にノーベル平和賞を受賞させようという運動が活発化している。２０１５年１月には韓国の国会議員１４２人が憲法第９条をノーベル平和賞に推薦する署名に名を連ねたと発表された。次は対馬を侵略して対馬島民を拉致・抑留し、また人質外交をやろうとでも考えているのかもしれない。

金額を援助している。これだけの施しを受けておきながら、感謝するどころか恩を仇で返してきたのが韓国人なのだ。

前著『余命三年時事日記』（青林堂）でも紹介したが、日本から韓国へのODA（政府開発援助）一覧を再掲しておこう。

日本から韓国へのODA（政府発表）

※「援助内容」「年月日」「援助金額」の順

韓国鉄道設備改良事業　１９６６年６月８日　39・６億円

韓国漢江鉄橋復旧事業　１９６６年６月17日　３・６億円

韓国建設機械改良事業　１９６６年７月20日　23・４億円

韓国水利干拓および浚渫事業　１９６６年７月20日　11・88億円

韓国海運振興事業　１９６６年07月27日　32・43億円

韓国中小企業および機械工業育成事業　１９６６年07月27日　54・０億円

韓国鉄道設備改良事業　１９６７年３月23日　33・65億円

韓国輸送および荷役機械改良事業　１９６７年６月27日　９・35億円

韓国光州市上水道事業　１９６７年７月11日　６・05億円

韓国市外電話拡張事業　１９６７年７月11日　３・60億円

韓国大田市上水道事業　１９６７年７月11日　５・90億円

韓国産業機械工場拡張事業　１９６７年７月31日　10・80億円
韓国昭陽江ダム建設事業　１９６７年８月07日　３・96億円
韓国中小企業および機械工業育成事業　１９６７年８月７日　26・69億円
韓国高速道路建設事業　１９６８年６月26日　10・80億円
韓国市外電話拡張事業　１９６８年10月30日　６・48億円
韓国昭陽江ダム建設事業　１９６８年12月28日　46・98億円
韓国高速道路建設事業　１９６９年４月14日　18・00億円
韓国農水産振興事業　１９６９年６月19日　８・92億円
韓国嶺東火力発電所建設事業　１９６９年９月１日　６・41億円
韓国清州市上水道事業　１９６９年12月４日　３・24億円
韓国南海橋建設事業　１９６９年12月４日　７・88億円
韓国昭陽江ダム建設事業　１９７０年２月４日　27・01億円
韓国市外電話拡張事業　１９７０年６月25日　５・17億円
韓国総合製鉄事業　１９７１年７月16日　28・80億円　浦項綜合製鉄㈱
韓国ソウル地下鉄建設および国鉄電化事業　１９７２年４月10日　２７２・40億円
韓国総合製鉄事業　１９７２年５月１日　１０７・49億円　浦項綜合製鉄㈱
韓国商品借款商品借款等　１９７２年９月18日　77・00億円　大韓民国政府
韓国総合製鉄事業　１９７３年１月16日　10・87億円　浦項綜合製鉄㈱
韓国通信施設拡張事業　１９７３年４月23日　62・00億円

韓国漢江流域洪水予警報施設事業　１９７３年７月20日　４・62億円
韓国商品借款　１９７４年05月13日　77・00億円　大韓民国政府
韓国浦項総合製鉄所拡充事業　１９７４年５月22日　１２７・88億円
韓国大清多目的ダム建設事業　１９７４年12月26日　１１８・80億円
韓国農業総合開発事業　１９７４年12月26日　１９４・40億円
韓国浦項総合製鉄所拡充事業　１９７５年７月30日　２・25億円
韓国北坪港建設事業　１９７６年３月31日　１２４・20億円
韓国忠北線復線化事業　１９７６年11月26日　43・00億円
韓国通信施設拡張事業　１９７６年11月26日　66・00億円
韓国農業振興計画　１９７７年６月10日　１２６・00億円
韓国超高圧送電線建設事業　１９７７年11月28日　40・00億円
韓国忠Ｂ多目的ダム建設事業　１９７８年１月20日　１４０・00億円
韓国農業振興計画　１９７８年１月31日　60・00億円
韓国医療施設拡充事業　１９７８年12月25日　70・00億円
韓国農業総合開発事業　１９７８年12月25日　１４０・00億円　韓国電力㈱
韓国教育施設拡充事業　１９８０年１月18日　１００・00億円
韓国国公立医療及び保健研究機関近代化事業　１９８０年１月18日　40・00億円
韓国都市下水処理施設建設事業　１９８０年１月18日　50・00億円　建設部、大邱市、大田市、全州市

韓国教育施設（基礎科学分野）拡充事業　１９８１年２月27日　60・00億円

韓国民間地域病院医療装備拡充事業　１９８１年２月27日　１３０・00億円

韓国医療装備拡充事業（ソウル大学小児病院）　１９８３年10月11日　54・00億円

韓国下水処理場建設事業（ソウル炭川）　１９８３年10月11日　１１５・00億円

韓国地方上水道拡張事業（釜山、ソウル、晋州）　１９８３年10月11日　78・00億円

韓国陜川多目的ダム建設事業　１９８３年10月11日　２０４・00億円

韓国ソウル上水道施設近代化事業　１９８４年８月８日　29・00億円

韓国下水処理場建設事業（ソウル中浪）　１９８４年８月８日　１６７・00億円

韓国下水処理場建設事業（釜山）　１９８４年８月８日　63・00億円

韓国気象関連設備近代化事業　１９８４年８月８日　42・00億円

韓国国立保健院安全性研究センター事業　１９８４年８月８日　24・00億円

韓国住岩多目的ダム建設事業　１９８４年８月８日　１１１・00億円

韓国大田市上水道拡張事業社会的サービス　１９８４年８月８日　22・00億円

韓国都市廃棄物処理施設建設事業　１９８４年８月８日　４・00億円　大邱市、城南市

韓国農業水産試験研究設備近代化事業　１９８４年８月８日　33・00億円

韓国医療施設拡充事業　１９８５年12月20日　１２３・00億円

韓国下水処理場建設事業（釜山長林）　１９８５年12月20日　92・60億円

韓国下水処理場建設事業（光州）　１９８５年12月20日　75・60億円

韓国下水処理場建設事業（春川）　１９８５年12月20日　32・80億円

韓国化学研究用・計量標準研究用資機材補強事業　１９８５年12月20日　27・00億円

韓国教育施設拡充事業　１９８５年12月20日　１５２・00億円

韓国総合海洋調査船建造事業　１９８５年12月20日　41・00億円

韓国教育施設拡充事業　１９８７年８月18日　１２９・11億円　文教部、国立科学館

韓国中小企業近代化事業　１９８７年８月18日　77・50億円

韓国農業機械化事業　１９８７年８月18日　77・50億円　全国農業協同組合中央会

韓国廃棄物処理施設建設事業　１９８７年８月18日　53・72億円　大邱市、城南市

韓国酪農施設改善事業　１９８７年８月18日　38・75億円　ソウル牛乳協同組合

韓国臨河多目的ダム建設事業　１９８７年８月18日　69・75億円

韓国蔚山市都市開発事業（鉄道部門）　１９８８年６月22日　44・40億円

韓国栄山江３―１地区防潮堤事業　１９８８年６月22日　44・40億円

韓国下水処理場建設事業（済州・清州）　１９８８年６月22日　41・59億円

韓国教育施設拡充事業　１９８８年６月22日　５９２０億円

韓国研究所施設拡充事業　１９８８年６月22日　26・79億円　韓国遺伝工学、機械、電子通信、化学研究所

韓国私立大付属病院施設拡充事業　１９８８年６月22日　56・24億円　梨花女子大学、中央大学、漢陽大学、高麗大学、東亜大学

韓国大田上水道拡張事業　１９８９年８月22日　14・34億円

韓国中小企業近代化事業　１９８９年８月22日　62・00億円　国民銀行

韓国ソウル地下鉄建設事業　１９９０年10月31日　７２０・00億円

韓国医療装備拡充事業（ソウル大学校病院）　１９９０年10月31日　43・20億円

韓国水産・商船学校練習船装備拡充事業　１９９０年10月31日　21・60億円

韓国中小企業近代化事業　１９９０年10月31日　１１５・20億円

韓国肉加工施設拡充事業　１９９０年10月31日　17・28億円　畜産業協同組合中央会

韓国配合飼料工場建設事業　１９９０年10月31日　54・14億円　畜産業協同組合中央会

韓国酪農施設改善事業　１９９０年10月31日　24・48億円　畜産業協同組合中央会

※１９６５年の日韓基本条約にて日本から韓国へ支払った５億ドルは除く。

98年までの韓国へのＯＤＡ実績累計

贈与無償資金協力累計　２３３・84億円

技術協力　９１３・72億円

政府貸与支出総額　３６０１・54億円

日韓請求権協定と個人補償

1965年に日韓基本条約とその付随協約である日韓請求権協定が締結されたことで、両国間の財産、請求権一切の完全かつ最終的な解決が確認された。

韓国政府は日本から受け取った資金の大部分をインフラ整備や企業への投資などに重点的に回したため、個人への補償はわずかな額、範囲に留まったが、それは韓国の国内問題であり、日本の関知するところではないのだ。

しかし韓国政府は条約の内容を国民に対しては事実上非公開として、補償問題が完全かつ最終的に解決していることを国民に伝えようとしなかったのだ。そのため韓国では長い間「日本は韓国に補償をしていない」という誤解が続いて、反日感情が高まる一因となっていた。

多くの韓国の市民団体は日本に対して「徴用被害者」などへの補償を求めて抗議活動を行ない、また2005年4月には韓国国会で与野党議員20人以上が連名で、日韓基本条約を破棄《はき》して「日本統治時代に被害を受けた個人への補償」などを盛り込んだ新条約を締結するように求める

インフラ整備や企業への投資などに重点的に回した
その結果「漢江の奇跡」と呼ばれる経済発展を成し遂げることができた。それ以前は韓国は世界最貧国グループに属しており、GDPも北朝鮮のほうが上だったのだ。

条約の内容を国民に対しては事実上非公開
韓国政府は日本から得た資金の大部分をインフラ整備など経済発展のために使ってしまったため、個人補償という形で「分け前」を求めていた韓国国民から反発されることを恐れたのだ。韓国政府は条約の詳細を非公開とし、さらにマスコミ

決議案を提出している。

日韓基本条約で補償問題が完全かつ最終的に解決していることが韓国内で広く知られるようになったのは最近のことなのである。２００９年にソウル行政裁判所による情報公開によって韓国人の個別補償は日本政府ではなく韓国政府に求めなければならないことが韓国国民にも明らかにされたのだ。そして韓国政府も「日本への徴用被害者の未払い賃金請求は困難である」と正式に表明したのである。

１９６５年の日韓条約締結から44年間も経《た》って、ようやく韓国人は真実を知ることになったのである。２００９年８月14日付『聯合ニュース』では「（徴用）被害者らの未払い賃金を放棄する見返りとして、同協定締結の際に経済協力資金を受け取った点も（韓国政府は）認めたため、波紋を呼びそうだ」と報じている。「やっと韓国人も真実を知ったのだから、これからは理不尽な要求はなくなるだろう」そのように多くの日本人は考えたが、もちろん韓国人がこんなことで諦《あきら》めるわけはなかったのだ。

を使って「日本は補償に応じていない」というデマを流していたのだ。

最高裁の「賠償金おかわり」判決

なんと韓国最高裁は「日本統治時代の徴用者に対し、日本企業は賠償責任がある」という判決を出したのだ。以下は２０１２年5月24日付『中央日報』の記事である。

最高裁は24日、イ・ビョンモクさん（89）ら徴用者8人が日本三菱重工業と新日本製鉄を相手に起こした損害賠償請求訴訟の上告審で、原告敗訴判決の原審を破棄し、原告勝訴の趣旨で事件をそれぞれ釜山高裁とソウル高裁に差し戻した。

最高裁は「１９６５年に締結された韓日請求権協定は日本の植民支配の賠償を請求するための交渉ではないため、日帝が犯した反人道的不法行為に対する個人の損害賠償請求権は依然として有効」とし「消滅時効が過ぎて賠償責任はないという被告の主張は信義誠実の原則に反して認められない」と明らかにした。

最高裁は、イさんらが日本で起こした同じ趣旨の訴訟で敗訴確定判決が出たことに関し、「日本裁判所の判決は植民支配が合法的だという認

韓日請求権協定は日本の植民支配の賠償を請求するための交渉ではない

この最高裁の判断はある意味正しいともいえる。日本は朝鮮半島を国際法に則って合法的に併合しており、第二次世界大戦でも日本と韓国は戦争状態になかったので、そもそも韓国は賠償金を請求する資格がないのだ。そのため国交正常化交

識を前提としたもので、強制動員自体を不法と見なす大韓民国憲法の核心的価値と正面から衝突するため、その効力を承認することはできない」と述べた。

（２０１２年5月24日付『中央日報』より）

ようするに日韓基本条約、日韓請求権協定を認めないとし、「賠償金おかわり」を可能とする恐ろしい判決である。日本と韓国で長年に渡って交渉して正式に締結した国際条約が、いとも簡単に踏みにじられたのである。

竹島問題の本質は韓国の戦争犯罪問題

竹島問題とは単なる領土問題だけに留まらない。竹島問題の本質は、韓国による日本領土への軍事力による侵略戦争であり、日本人の虐殺、拉致、抑留という戦争犯罪の問題なのである。そして韓国は加害者であり、日本は完全な被害者に他ならないのだ。にもかかわらず、加害者、侵略者、戦争犯罪者である韓国が被害者の日本に対して、「独島（竹島）

渉において日本は譲歩して、賠償金の代わりに「経済協力金」を支払うことで日韓両国は合意したのである。

侵略を許さない」などと非難し続けているのである。おそらく韓国人の脳内では、自分たちの侵略行為や虐殺などの戦争犯罪は、全部なかったことになっているのだろう。

日本人にとって韓国は侵略者で、多くの日本人を虐殺した戦争犯罪国家で、現在も日本固有の領土である竹島が不法占拠された状態が続いていることを忘れてはならないのだ。

韓国は日本の同盟国ではなく、もちろん友好国でもない。日本人にとって韓国は「敵国」として認識するのが妥当な国なのである。

第4章　「在日問題」の解決に向けて

――日韓戦争と在日武装蜂起の可能性

「在日問題」の解決に向けて

「花王文書」と「第二花王文書」

第2章の冒頭で紹介した「スヒョン文書」だけでなく、他にも有名な「怪文書」がいくつか存在している。「花王文書」と「第二花王文書（セレブリティ文書）」である。

この「花王」というのは大手化学メーカーの花王株式会社のことである。洗剤やトイレタリー用品、化粧品などを製造している、日本人なら誰もが知っているであろう有名企業だ。

これらの「怪文書」がネット掲示板に投稿された2012年1月というのは「花王不買運動」が行なわれていた時期であった。2011年8月、番組編成が「韓流偏重《へんちょう》」であるとして、フジテレビへの抗議デモが行なわれた。さらにフジテレビの大口スポンサーである花王に対しても「フジテレビをスポンサーとして支援する花王も同罪」であるとして、不買運動や抗議デモが繰り返されていたのだ。

フジテレビへの抗議デモ
この抗議デモは5000人以上が参加する大規模なものだった。デモが企画された直近のきっかけは2011年7月23日の高岡蒼甫（俳優）のツイッター上での発言だった。
「正直、お世話になったことも多々あるけど8は今マジで見ない。韓国のTV局かと思う事もしばしば」「うちら日本人は日本の伝統番組を求めてますけど。取り合えず韓国ネタ出てきたら消してます」「ここはどこの国だよって感じ。気持ち悪い！ごめんね、好きなら。洗脳気持ち悪い！」この直後に高岡は所属事務所を解雇されている。

この「花王文書」と「第二花王文書（セレブリディ文書）」についても少し長いが全文を掲載する。（誤字の一部を訂正、ルビを振り、改行箇所を一部変更した）

「花王文書」

831：可愛い奥様　投稿日：2012/01/25（水）23:06:56.29 ID:prI4Qv5k0

お前達の抵抗も空しく、30年ぶりに遂に日本を貿易赤字に墜落させてやったわ。積年《せきねん》の恨《うら》み、韓国の貿易赤字も大幅解消してます。韓国産をどんどん日本で取り扱わせ、日本のスーパーにねじ込ませたからね。その成果がどんどん拡大してます。

そのうち対韓国すら貿易赤字に転落しますよ。素材メーカーも、うまく技術を吸い上げてますから。逆買収してやるわ。あんたたちなんかもうすぐ野たれ死んで私達に顔を踏まれながら土下座して奴隷生活させてもらうのよ。きっと子孫を残さないために結婚もさせず子供もうまさないわ。

貿易赤字に墜落
民主党政権下では、韓国に利益誘導するかのような政策が数多く実施されていた。そのひとつが円高政策であり、これによって日本の輸出産業は大打撃を受け、サムスンをはじめとする多くの韓国企業は多大な利益を得たのだ。

834：可愛い奥様　投稿日：2012/01/25（水）23:12:10.25 ID:prI4Qv5k0

　このまま韓国産で溢れさせ、韓国にお金を吸い取られ、子育てする世代が子供を産めないよう、低賃金にするように、小泉・橋下《はしもと》を称賛してさらなる規制緩和、解雇緩和、実力主義、成果報酬にして富の一極集中と不安定雇用化するよう、テレビで徹底的に政治家に圧力かけます。少子高齢化で財政破たんした時、一気に中国と一緒に独島や魚浸島を奪いに行きますから。

　花王不買なんてしても無駄ですから。イオンにもコンビニ全社にも、ヨーカドーも全部韓国まみれになるんだから。こんなもんじゃありませんよ。ＰＢは全部韓国産。韓国産を買わないと生活できないところまで現役世代の収入を減らす。原発を反対させて資源輸入を増やしてさらに加速度的に借金を増やす。お前達、絶対に安泰《あんたい》な生活なんかさせないから。

835：可愛い奥様　投稿日：2012/01/25（水）23:15:35.83 ID:prI4Qv5k0

　私たちには孫先生がついてる。孫先生、原発反対してくれてありがと

ＰＢ

プライベートブランド（ＰＢ）とは、大手スーパーやコンビニなど流通業者が企画し、独自のブランドで販売する商品のこと。一部のＰＢでは製造国や原料の産地国などを記載していないため、韓国製や中国製ではないかという疑いが持たれている。

ＰＢは全部韓国産

「花王文書」の筆者はイオンとイトーヨーカドーのＰＢが全部韓国産であるかのように述べているが、その主張の真偽については不明である。

う。韓国で日本は犯罪者だといってくれてありがとう。将来、原発汚染被害訴訟起こす道筋を作ってくれてありがとう。これで数兆円の賠償《ばいしょう》を日本にさせましょう。

孫先生、ぜひともソーラー事業を成功させて、テレビと同時に、電気インフラも乗っ取って下さい。韓国素材を使って建設して、日本人から徹底的に高額の電気料金をむしりとって子供の頃差別された仕返しをしてやってください。

851：可愛い奥様　投稿日：2012/01/25（水）23:42:57.23 ID:prI4Qv5k0

あははは今もニュースKopanで赤字転落ニュースしてましたｗｗｗ
あんたたちからしたら「あんた達が韓国にお金流すようなことばっかりしたからでしょ!!」って言いたいわよねｗ　その通りですｗｗｗ

テレビ局を乗っ取ったら馬鹿な女が釣れます。馬鹿な女が足を引っ張って、死ぬ思いで働いた日本人男の金を韓国に渡してくれますｗ　夫の収入が減って、家計のために安い韓国産を買って、また夫に食べさせてくれます。

孫先生
ソフトバンクグループ創業者の孫正義を指していると思われる。孫正義は、消費者金融、密造酒、パチンコで財を築いた実業家・孫三憲の次男として、１９５７年に佐賀県鳥栖市で生まれた在日韓国人２世（現在は日本国籍を取得している）。２０１５年３月の時点で総資産１４１億ドルで日本富豪ランキング２位、世界ランキング75位という大富豪である。

日本は犯罪者だといってくれてありがとう
孫正義は２０１１年６月20日に韓国で行われた国際会議に出席し、日本の原発事故について語っている。その際に「日本は犯罪者になった」と世界に向けて宣言したのだ。

まだまだこんなもんじゃないから。テレビを使って、日本のお金が殆《ほとん》ど韓国に流れるように徹底的にすすめますから。その番組の制作費をフジや日テレに出して下さってる日本企業の花王には、感謝の言葉しかありません。ここだけは多少マシな処遇《しょぐう》を考えてあげないといけないわね。

「第二花王文書（セレブリディ文書）」

487：セレブリディ[]　投稿日：2012/01/18（水）03:12:25.62 ID:a8rNFV/J0

貴方がたは、自分こそが物事の本質を突いていると誤解している。貴方がたは、本質など何も分かっていない。

日本のテレビ局は、古来より芸能界を在日韓国人に頼って運営してきました。人前で脱いだり、卑猥《ひわい》な発言をしたり、奇抜《きばつ》な言動をして世間から笑い者になったり、軽蔑されたりもするリスクの高い賤業《せんぎょう》を、日本人は韓国人に押し付けてきました。

その結果、在日は顔を晒して人生を不自由にする代わりに莫大《ばくだい》なお金と権力を手にすることになりました。最初はテレビ局に仕《つか》えどんな恥ずかしい仕事でも、セックスシーンでもやらされる、みじめな立場でしたが、それが芸能人がスターのように扱われるようになり立場が逆転し、プロダクションごと在日が仕切り、芸能界全体を在日が占領し、形勢が逆転しました。

　プロダクションの言うことはなんでもきかないといけない。そうして、在日芸能人の子供を入れたり、プロダクションからテレビ局に送り込んだり、同時に在日が育てたパチンコ産業から、莫大なスポンサー料をバックに、在日を内部に入りこませました。

　版権買って金儲けのために宣伝？　はん！w　お馬鹿なことを。あんなもんテレビ局からすればはした金です。そんなものが真の目的ではありません。第一版権など持ってない日テレも同じでしょうに。本質を全く見抜けていない。

493：セレブリディ□　投稿日：2012/01/18（水）03:20:57.93 ID:a8rNFV/J0

　本質は、日本の芸能界が在日で牛耳《ぎゅうじ》られていることまで知ってるある在日が、韓国政府首脳陣に日本のメディア乗っ取りを提案して、とにか

芸能界全体を在日が占領
「ご意見番」などと称して芸能界に君臨している和田アキ子（現在は帰化）など、在日韓国・朝鮮人は芸能界で大きな力を持っている。大物俳優である岩城滉一は、１９７７年に覚醒剤取締法違反で逮捕された際に、李光一という本名の在日であったことが明らかになっている。

く韓国というワードを毎日必ず何度も出す。それもポジティブ限定で。韓流タレントを最初からブームだというのも、こんなタレントで金儲けしたいからではありません。「韓国」というワードを毎日出して宣伝するための工作要員に過ぎません。

毎日ネタを作って、それを渡して、放送させる。時には分裂騒動、事務所との確執《かくしつ》なども演出して、大きく報道させる。韓国人が注目されればされるほど、日本国内で韓国が定着する。そうすることで、第一工作として、イオンなど大手親韓派流通業者に対し韓国産を棚に置かせる。その時にもタレントを「顔」として使えるので、タレントは便利です。その後次に大きなコンビニをまたタレントや、韓国食ブームで制圧します。

そうやって、どんどん「韓国産」が日常生活に当たり前にありふれた状況を作っていき、ＤＶ夫の日本人が、妻に慰謝料を払い続けるがごとく、日本が韓国を養い続けるシステムを作ることが目的でした。

韓国というワードを毎日必ず何度も出す
特にフジテレビは、『めざましテレビ』の七夕の日の放送で「少女時代のように足が綺麗になりますように」「ＫＡＲＡのライブに行けますように」などと書かれた短冊を紹介したり、『笑っていいとも!』で「鍋の人気ランキング」として「女性に一番人気があるのはキムチ鍋」と発表したり、さらには『サザエさん』のカツオの部屋に韓流スターのポスターが貼られていたりと、露骨で不自然極まる「韓国ゴリ押し」を繰り返していた。

495：セレブリティ[]　投稿日：2012/01/18（水）03:30:03.98 ID:a8rNFV/J0

　貿易収支の改善をする上で、韓流ブームを造り出し、日本の食卓に、美容に、家電に、韓国産を違和感なく取り入れさせることは重要でした。この第一目的を達成するために必要だったのは、世界的にも日本人は依存度が酷《ひど》いと言われる「テレビメディア」を掌握《しょうあく》することでした。

　ここを在日芸能界と、広告代理店電通が乗っ取っていたのは、韓国政府にとって渡りに船でした。直接のテレ朝買収などは失敗しましたが、ライブドアの暑苦しい豚がフジを窮地においやったことでさらに隙《すき》が生まれました。あのにっくき右翼のフジテレビを、徹底的に親韓派に改心《かいしん》させる、最大のチャンスでした。

　救済者を装いフジに条件を呑ませることで、フジの中に在日成分が浸《しん》透《とう》していきました。フジテレビは日本のトレンドをひっぱる最先端のテレビ局でした。ここの、とくに毎日放送するめざましテレビを掌握してしまえば、日本のブームをすべて操作できる。ますます在日侵攻が進みました。

　芸能界のご意見番・ドンも在日が仕切っており、パチンコなど同胞企

ライブドアの暑苦しい豚
ライブドア元社長の堀江貴文を指すと思われる。２００５年２月、堀江率いるライブドアはニッポン放送の株を大量取得し、当時ニッポン放送の子会社だったフジテレビを傘下に収めようとした。同年４月に和解が成立、ライブドアの所有するニッポン放送株をフジテレビが約１４００億円で買い取ることが発表された。

業を強力に支えながら、芸能界を裏で在日で占めるよう絶えず見張っています。恐ろしくて日本人は逆らえません。

499：セレブリティ［］　投稿日：2012/01/18（水）03:37:37.02 ID:a8rNFV/J0

　そうして、まず、日本人から「持続的かつ安定的に金が流れてくる」状況を目指しました。そうして体力をつけた韓国企業が、逆に世界に日本企業の技術をもった企業を弱みにつけ込んで乗っ取ったり、日本からのお金で世界に打って出ました。

　世界に打って出る時も、とりわけアジアにおいては「ジャパン」ブランドを利用することは非常に優席《ママ》（「有益」の誤記？――著者註）です。アジア諸国において日本は昔からたった一人先進国で、欧米と対等に渡り合ってきたという、羨望《せんぼう》の意識があり、常にゲームやアニメと共に、日本を最先端とみなして追いかけていました。そこのメディアを中から韓国人が合法的に乗っ取ることで、日本の芸能界を完全に韓国一色にしてしまい、（日本の芸能人がそれに反旗を翻さないのは、芸能界が在日に仕切られてて、口にしたら自分の体がどうなるか知ってるからです）

「ジャパン」ブランドを利用
多くの在日が日本人に成りすまして周囲を欺いているのと同様に、多くの韓国企業も日本企業に成りすまして外国人を騙して、世界市場に進出していったのだ。サムスンやヒュンダイなど多くの韓国企業は、寿司や相撲、富士山といった日本的なイメージを広告に使うことで、日本企業と誤解させる戦略をとっていたのだ。２００９年３月11日付『東亜日報』によると、サムスンで北米総括社長などを歴任した呉東振は「日本人に成りすまして営業活動を行なった」と告白している。

「あの日本すら征服した」という強力な印象操作で、東南アジア、中国・台湾などに一気に売り込みをかけました。

　日本で韓国を浸透させ、貿易収支をトントンにもっていきながら、日本を踏み台にして、さらに芸能から広めて、そこからサムスン・ＬＧなどを浸透させていく。これが、韓国政府と在日が密約した、当初からの真の目的です。

501：セレブリディ[]　投稿日：2012/01/18（水）03:45:25.96 ID:a8rNFV/J0

「メディア」を掌握することは、国を完全に乗っ取るに等しいことです。普通なら15秒１００万円も払わないといけないＣＭ代も、芸能情報と称して、毎日２時間半の番組でうち20分もただで宣伝できたりします。まともにお金をかけてたら、年間ＣＭ代は１０００億は下りません。その数千億の宣伝費を、ただでやりたい放題できるのです。こんなおいしいことはありません。花王などの日本の企業が真面目にお金を数百億だして、そのお金で制作した番組でただで自分達を宣伝してくれ、お金を出した日本企業の商品よりも韓国製品が売れるよう工作してくれる。最高です。
日本のメディアの法律上の弱点は、外資規制をしながら、その構成員の外国規制がなされていないことです。そもそも帰化在日などにいたっては、拒否することなどできません。まさに頭隠して尻隠さずですね。買いとっちゃダメなら、中から乗っ取ればいい。簡単なことです。本質は「在日韓国人によるメディアの乗っ取り完了」です。

505：セレブリディ[]　投稿日：2012/01/18（水）03:53:14.24 ID:a8rNFV/J0

　あまりに簡単にできてしまったために、調子に乗って日本人や日本選手を侮辱《ぶじょく》するメッセージを毎日入れたのはうかつでした。しかしデモをしようがなにしようが、報道させなければいいだけのこと。テレビ各局は全て協力体制を組み、大手スポンサーも、政治家も、省庁も、重役の子供をコネ入社させまくりで人質にとってるので何も手出しできません。花王一社ごときをいじめたところで、その他何十もの大スポンサーが必ず在日テレビ局を支えます。政治家、省庁も全力で、公的資金を投入してデモ守ります。なぜなら自分の子供が勤めてるから。

構成員の外国規制がなされていない
国民の財産である公共の電波を利用しているテレビ局でも、多くの在日社員を採用しているのが実情だ。さらに国民から受信料を徴収し「国営放送」的なポジションにあるＮＨＫにも、大量の在日が潜り込んでいるのだ。

在日が乗っ取る一方で、一部日本人の重要人物の子息を取り込むことで、政官とも癒着《ゆちゃく》し、国の手足すら縛りました。もはやテレビ局を止めることのできる人間などいないのです。花王が打撃を受けたなら、一旦《いったん》花王を引き下げて他の大スポンサーを筆頭スポンサーにする。そこが受けたらまた交代する……いつの間にか貴方達が買える商品なくなりますよ。トヨタもホンダも日産も乗れなくなりますねw

既に内部から乗っ取られたテレビ局が韓国に有利な放送をするのは当たり前のことです。これを阻止することは、もう不可能なのです。諦めなさい。

714：可愛い奥様[]　投稿日：2012/01/18（水）14:58:44.10 ID:a8rNFV/J0

イオンのＰＢごり押しが酷いとの話を以前このスレッドで拝見しましたが、実はイオンだけではありませんのよ。イトーヨーカドーも全く同じ現象になっています。広大な売り場面積を持っているのに、メインがＰＢ、添え物・引き立て役に花王など大手企業の商品を取りづらい場所に割高で置いていっぱい。中小など入り込む余地もありません。置く場所がもうありませんから。

それどころか日本の大企業すら潰すのが最終目標です。安くできる理由は当たり前ですが、製造・原材料に中韓など外国を採用してるからです。流通業界で静かな侵略がはじまってます。貴方方がドヤ顔で不買のつもりで買ってるPBの安物商品こそ、そのままお金が中韓に流れる構図です。中小メーカーもひっそり中韓で作ってるところ多いですね。

つまり、もう何をしても日本の築き上げたお金が、溶けたアイスのように中韓に落ちて行く構図が出来上がってるのですよ。AGFもおっしゃったでしょう。原材料だから韓国産と書かないと。それ、何もAGFだけじゃありませんから。どこもかしこもエア国産ですよw　貴方方は「韓国不買」などできないのです。知らず知らずのうちに、細胞レベルで貴方方の体内に取り込まれてます。

原材料だから韓国産と書かない
日本産であるかのように成りすましている韓国産の商品も多いという。在日が通名で日本人に成りすましているのとよく似た構図ではないだろうか。

マスコミも芸能界も在日の支配下

この「花王文書」「第二花王文書（セレブリディ文書）」についても「スヒョン文書」と同様に、「日本人が嫌韓を煽《あお》るために在日のフリをして書いた偽書である」という意見もあるようだ。その真偽については検証することは不可能なので、ここでは論じることはしない。

だが書かれている内容については、かなりの部分が事実であるといっていいだろう。多くのマスコミは半ば在日に乗っ取られた状態にあるといっても過言ではなく、さらに芸能界でも在日は大きな力を持っている。芸能人に在日が多いというのも大きな理由のひとつだが、そもそも芸能界というのは暴力団が仕切っていた世界だったのだ。そして暴力団関係者の３割が在日で占められているといわれているのである。

「韓国を好きになること」を強要

特にフジテレビをはじめとするテレビでは、多くの視聴者が違和感を持つような不自然な頻度《ひんど》で韓流を取り上げ、韓国や韓国芸能人などを過剰に持ち上げて「韓国を好きになること」を日本人に強要していた。

韓流のゴリ押しが行なわれた裏には「国家ブランド委員会」の存在があったことが知られている。国家ブランド委員会とは韓国大統領直属の諮問《しもん》機関で、映画やドラマ、Ｋ—ＰＯＰなどの韓流コンテンツの輸出を

K—POP
まるで世界的に人気があるかのように宣伝されているK—POPだが、アジアでの売上が99%を占めており、そのうち80%以上が日本での売上となっている。つまりK—POPが売れている（いた）国は日本だけなのである。

推進するために2009年に設置されたものだ。

国家ブランド委員会は、韓流コンテンツの輸出振興だけに留まらず、韓国という国の地位、イメージ、国格の向上を目指すと宣言している。つまり韓国政府は、韓流コンテンツ輸出の損益については最初から度外視しており、「韓流ゴリ押し」を行なった最大の目的とは、韓国のイメージを向上させて、家電や食料品などあらゆる韓国製品の輸出を増やすことにあったのだ。

実際に韓流コンテンツの輸出でまともな利益が出ている国は日本くらいしかない。たとえば東南アジア諸国でも韓流ブームがあったとされているが、ほとんど利益になっていないのが実情だ。しかし、韓流ブームの影響で韓国のイメージが改善されて、サムスンをはじめとする家電などの韓国製品がシェアを急激に伸ばしているのだ。

日韓戦争は不可避なのか

日韓関係は一向《いっこう》に改善する兆《きざ》しもない。では将来において日韓戦争が勃発《ぼっぱつ》する可能性はあるのだろうか。

日韓戦争が起こった場合、普通に考えれば韓国側には大きなメリットがあるとは思えない。彼らがこれまで営々と築き上げてきたシステム、つまり在日を使って日本をコントロールし、日本から金を吸い上げる仕組みが崩壊してしまうことになるのだ。戦争になれば売国議員をはじめとする売国勢力は一掃され、在日や偽装帰化人などの公職追放「コリアンパージ」が一気に断行されるだろう。

　現状変更を行なうための最もダイナミックな方法は今も昔も戦争なのである。数百年にもおよぶ白人によるアジア植民地支配体制を一気に崩壊させたのは第二次世界大戦である。日韓戦争の結果によっては、韓国は日本の中に張り巡らせた権益《けんえき》を全て失うことになりかねないのだ。

　だが各種の世論調査などによると、韓国人の多くが日本を憎悪しており、日韓戦争は不可避だと考えているのである。反日教育によって全ての韓国人は反日精神を叩き込まれ、さらに韓国マスコミは反日一色に染まった反日記事を絶えず垂れ流して、日本への憎悪を煽り立てるなど戦意を高揚《こうよう》させることに余念がないのだ。

戦争気分を煽り立てるマスコミ

　全てを損得勘定で割り切れるのであれば、そもそも日本は米国と戦争を始めることはなかったはずだ。日本が勝算の低い対米戦争を始めたのは、軍事官僚の面子や省益、明治憲法の不備の問題など一冊の本が書けるくらいの様々な要因があるが、その最大の要因はマスコミが戦争を煽り立てたことにある。当時の朝日新聞をはじめとするマスコミは「暴支《ぼうし》膺懲《ようちょう》」「米英何するものぞ」などと国民を煽り立てて部数競争に狂奔《きょうほん》し、なかなか対米戦争を決意しなかった東條《とうじょう》内閣を、腰抜けであると批判したりしていたのだ。政府はマスコミがつくり出す国民世論に突き上げられて中国との戦争をやめられず、さらに米国との戦争を始めたといっても過言ではなかったのだ。朝日新聞などに煽られて戦争を待望していた多くの国民は、日米開戦の報道を聞いて大喝采《かっさい》したのである。そして現在の韓国の世論やマスコミを取り巻く環境は、当時の日本と同じような状況にあるといわざるを得ないのだ。

　韓国は北朝鮮との戦争には明らかに不要で過剰な海軍力を持っているが、これはいうまでもなく対日戦争のために整備されたものだ。韓国海

東條内閣
１９４１年10月、陸軍大将であった東條英機が第40代内閣総理大臣に就任。東條総理の在任中に日米戦争が開戦となった。１９４４年7月、サイパン陥落などの責任をとって退陣した。

軍は軍艦に「安重根《アンジュングン》」や「尹奉吉《ユンボンギル》」といった日本人を殺害した反日テロリストの名前をつけるなど、対日戦争に向けた士気は万全のようであり、戦意も高いに違いないだろう。

　戦前の日本では海軍には陸軍の２倍にもなる膨大な予算が認められていた。米国という巨大な敵を仮想敵国とすることで、対米戦争に必要な軍備を整えるという名目で多くの予算を獲得できたのだ。この予算枠を維持することが海軍省における最優先の省益となったことで、「対米戦争に勝つ自信がない」といい出せなくなって泥沼にはまったのだ。

　同じように韓国軍も北朝鮮だけでなく日本も仮想敵国とすることで、建艦費用など予算枠の拡大を勝ち取ってきたのである。内実はともかくとして少なくとも見かけ上は、対日戦争を遂行《すいこう》できるだけの軍備は整っているといっていいだろう。

在日が武装蜂起する可能性

　日韓戦争が勃発した場合、在日が武装蜂起する可能性は非常に高いといわざるを得ない。その根拠として挙げられるのが、在日の過去の所業《しょぎょう》

安重根
１９０９年10月、満州のハルビンを訪れていた伊藤博文元首相を、拳銃で暗殺した朝鮮人テロリスト。翌年2月に旅順の関東都督府地方法院で死刑判決を受け、3月に執行された。

尹奉吉
上海天長節爆弾事件を起こした朝鮮人テロリスト。１９３２年の天長節（天皇誕生日）の日に、上海で行なわれた祝賀式典会場に爆弾を投げ込んで、多数の参加者を死傷させた。同年5月死刑判決、12月に死刑執行となった。

である。日本敗戦から数年の間、在日は「戦勝国民」を自称して武装蜂起し、日本各地で暴行、略奪、殺人、強姦などを繰り返した。朝鮮人によって多くの日本人が虐殺されたのである。

当時の朝鮮半島は日本領土であり、日本国民であった朝鮮人は日本社会の一員として日本人と共存していたのだが、日本が戦争に負けた瞬間に豹変《ひょうへん》して、日本人に牙を剥いて襲い掛かったのだ。

当時を知る老人から聞いた話だが、ついこの前までは普通に挨拶《あいさつ》を交わしていた近所の朝鮮人が、いきなり「朝鮮人は戦勝国民である」と威張り出して、さらに日本人を「敗戦国民」と呼んで罵《ののし》っているのを見た時、最初は冗談をいっているのかと思ったそうである。もちろん冗談ではなく、多くの朝鮮人は旧日本軍の兵器庫などから盗んだ武器で武装して、各地で日本人を虐殺、強姦し始めたのである。

在日韓国人も国防の義務を負う

そして現在の在日も表面上は日本社会で日本人と共存しているようにも見えるが、日韓戦争が起こった時にかつてのように武装蜂起して日本

戦勝国民
日本と韓国（朝鮮）が第二次世界大戦において交戦状態にあった事実はなく、朝鮮人は「戦勝国民」を自称したが、これを認めている国は存在しない。GHQも「朝鮮人は戦勝国民に非ず」と声明を出している。

国防の義務
韓国では原則として全ての男性に兵役の義務が課されているが、現在のところ女性は免除されている。だが韓国憲法第39条には「全ての国民は法律が定めるところにより国防の義務を負う」と規定されている。この「全ての国民」には当然女性も含まれており、女性にも国防の義務が課されているのだ。

人を虐殺しないという保証はどこにもないのである。

終戦当時の朝鮮人は日本国籍だったが、現在の在日は韓国籍（または朝鮮籍）である。韓国憲法第39条には「全ての国民は法律が定めるところにより国防の義務を負う」と規定されている。つまり韓国国民である在日には憲法に定められた「国防の義務」があり、日韓戦争になれば敵国（日本）との戦いに動員される可能性があるのだ。韓国は国民皆兵の国であり、韓国国民である在日は韓国軍の潜在的な兵士に他ならないのだ。

さらに民団の綱領《こうりょう》には「在日韓国国民として大韓民国の憲法と法律を遵守《じゅんしゅ》します」と明記されている。つまり在日は「日韓戦争になったら憲法の定めによって韓国軍兵士となって日本と戦う」と宣誓《せんせい》しているのと同じなのである。現実問題として日本に住んでいる在日を韓国の正規軍に編入することは難しいので、主に破壊活動やゲリラ戦などに動員されることになるだろう。

おそらく多くの読者にとっては、かなり荒唐無稽な話にしか聞こえないかもしれない。しかし、第二次世界大戦が起こる前の段階で「朝鮮人の

荒唐無稽な話
昨日まで良き隣人だった在日がある日を境に豹変して、武装して集団で日本人に襲い掛かり、各地で暴行、略奪、強姦、虐殺などを繰り返した。このような「荒唐無稽な話」が数十年前に現実に起きていたのである。現在も一部の在日は「強制連行」などの被害妄想で日本人に恨みを抱いており、「日本人に何をしようが構わない」などと考えていることを忘れてはならない。

武装蜂起」の可能性を説いたとしても、ほとんどの日本人は荒唐無稽な話として聞く耳を持たなかったのではないだろうか。だが現実に朝鮮人は武器を取って立ち上がり、多くの日本人を虐殺したのだ。在日は過去に実際に武装蜂起して日本各地で日本人を虐殺した実績があり、さらに韓国憲法によって、韓国国民である在日には「国防の義務」が定められているのである。今は良き隣人だったとしても日韓戦争になって状況が変われば、在日が再び牙を剥いて日本人に襲い掛かる可能性はないとはいえないのだ。

在日は暴力、殺人のプロ集団

在日が武装蜂起した場合、かつてのように日本人が一方的に虐殺されるとは限らない。在日と日本人との間で殺し合いが起こる可能性もあるのだ。そのような悲劇が起こらないことを祈るばかりである。

しかし忘れてはならないのは、韓国人男性は原則として全員が徴兵されて兵士としての訓練を受けており、武器の使用法や人間の殺し方を一通り学ばされているのだ。何より恐ろしいのは「人を殺す覚悟」を軍隊

ヤクザの3割は在日

多くの暴力団は抗争に備えて、大量の武器を隠し持っているといわれる。ヤクザの3割が在日であるとすれば、暴力団が持っている武器の3割が在日の手にあるということになるのだ。

生活で徹底的に叩き込まれていることである。

特別永住資格を持つ在日については、徴兵の義務を果たしている者はほとんどいないはずだ。しかし、ここで思い出してもらいたいのが、前述した「ヤクザの３割は在日」「在日ヤクザの数は約１万６０５０人」「在日男性の７・６人に１人、約13％がヤクザ」「在日の犯罪率は日本人の約２・６倍、在日外国人全体の約２・２倍」というデータである。ヤクザという暴力のプロフェッショナル集団の３割を占めているのが在日なのである。犯罪率が日本人の約２・６倍、つまり日本人の約２・６倍も凶悪なのが在日なのである。在日というのは実に恐るべき相手といわざるを得ないのだ。

在日問題の解決のために

さらに懸念《けねん》されるのは、現在ほとんどの在日が通名（通称名）を使って生活しており、日本人のフリをして日本社会に溶け込んでいることである。日本人と思っていた相手が、実は日本人に化けた在日である可能性があるのだから、日本人としては疑心暗鬼になってしまうのも無理は

疑心暗鬼

かつてソ連や東ドイツなど旧共産圏の秘密警察は、国内に多数の密告者を抱えるという方法で国民を監視していた。うっかり密告者に体制批判的な話をしてしまうと、秘密警察に通報されて逮捕されてしまうのだ。国民は誰が密告者がわからないため疑心暗鬼に陥って、自由にものをいえない状態になっていたのだ。

そして現在の日本では「秘密警察の密告者」の代わりに「通名で日本人に成りすました在日」が大量に存在している。誰が在日なのかわからないため、多くの日本人は疑心暗鬼に陥って、韓国（北朝鮮）や在日について批判的な話をすることを躊躇してしまうのだ。

ない。これが普通の国であれば、名前や国籍を偽っているような怪しい人間はスパイか工作員と見なされるだろう。しかし日本にはそんな人間が数十万単位で存在しているのである。

日本政府としても在日を放置しているわけではなく、在日問題の解決のために着々と手を打っているようだ。２０１２年7月9日に「住民基本台帳法の一部を改正する法律」が施行され、通名を一本化して、在日の本名、通名、住所を一括して管理するようになった。以前のような「どんな名前でどこで何をやっているのか、よくわからない在日」の存在は許さないということである。

マイナンバー制度の導入についても、実は「在日対策法」という側面があるのだ。具体的には在日の脱税と在日特権への対策である。在日の海外資産も含めた資産状況、人やカネの流れなどを丸裸にすることで、これまでのような不正蓄財や脱税は難しくなってくるだろう。

狭まる「在日包囲網」

在日特権である「生活保護の不正受給」そして「扶養控除の悪用」に

韓国に資産を隠して生活保護を受給

韓国にある資産を隠して生活保護を申請したり、脱税する在日が後を絶たない。だが２０１４年から、一定以上の海外資産を保有する者は、国外財産調書を税務署に提出することが義務化された。さらに日韓の租税条約により韓国にある在日名義の銀行口座情報の照会が可能となった。これまでやりたい放題だった在日を摘発できる体制が整いつつあるのだ。

もいずれメスが入ることになるだろう。生活保護を不正受給して逮捕される在日は後を絶たないが、韓国に資産を隠して生活保護を受給している在日については摘発することが難しかったのだ。

在日特権「扶養控除の悪用」とは簡単にいうと、扶養家族として韓国に住んでいる（とされる）親族を大勢入れることで、所得税や住民税をゼロにすることができるというものである。日本人の場合であれば、扶養家族に入っている人間が本当に存在するのか、本当に収入がないのか、などを簡単に調べることができるので、不正を行なうのはほとんど不可能である。しかし在日の場合は、扶養家族が韓国に住んでいる（ことになっている）ので、日本からは調査することが難しいため、いくらでも不正を行なうことが可能なのである。

在日情報の住民票管理やマイナンバー制度の導入によって、ただちにこれらの「在日特権」について摘発が可能となるわけではない。だが、在日問題の解決に向けた動きは着々と進んでおり、「在日包囲網」は確実に狭《せば》まっていっているといっていいだろう。

在日包囲網

現在、国策として「在日問題」の解決に向けた大きな流れが生まれつつあることは間違いない。だが国民の支持を得られなければ、その流れは勢いを失い、やがて止まってしまうだろう。日本再生のためには「在日問題」の解決は不可欠である。もちろん在日がおとなしく黙って見ているはずはなく、今後も在日や左翼勢力などの抵抗、反撃が予想される。それを撥ね除けることができるのは、政治家でもなければ官僚でもなく、「在日問題」解決に向けた我々日本国民の決意であることを忘れてはならない。

あとがき

「日王は韓国民に心から土下座したいのなら来い、重罪人にふさわしく手足を縛って頭を踏んで地面に擦り付けて謝らせてやる。重罪人が土下座もしない、言葉で謝るだけならふざけた話だ。そんな馬鹿な話は通用しない。それなら入国は許さない」

「たった60万人の在日韓国・朝鮮人に支配された1億人の日本人奴隷」

「北朝鮮の復興は心配ない、日本にやらせるのだ。私が日本にすべてのカネを出させる、我々はすでに日本を征服しているからだ。奴らのカネは我々が自由にできる、日本は何も知らない、フジテレビが証拠、日本人はよだれを垂らして見ている。私にまかせろ、日本にいるのは私の命令に忠実な高度に訓練された私の兵隊だ」

　これらは李明博《イミョンバク》大統領（当時）が発言したとされる、いわゆる「天皇陛下侮辱発言」「日本征服宣言」である。さらに李明博は日本領土である竹島への上陸を強行（２０１２年８月10日）し、日本国と日本国民を挑発したのだ。李明博の愚行によって日韓関係は急速に悪化することになった。

だが当初は日本国民は何の反応も示さなかった。それもそのはず、日本メディアは李明博の竹島上陸はさすがに報道するしかなかったが、「天皇陛下侮辱発言」「日本征服宣言」は完全にスルーして一切報じることがなかったので、日本国民はまったく知らなかったのである。それがインターネットで徐々に拡散され、ついにある時点で爆発したのだ。

初代余命がブログを始めたのもこの時期であった。多くのメディアが在日に乗っ取られている状況に危機感を持った初代余命によって、「日本人覚醒《かくせい》プロジェクト」として立ち上げられたのである。

まえがきでも述べたように、前著は予備知識のない読者にはたしかにハードルが高かったと思う。ただ反日勢力の出版包囲網の中では最初で最後の本となる可能性もあったので、重要なテーマについては可能な限り入れておこうという方針だったのだ。そのため個々の事象の説明や背景などについては、おろそかになったことは否めない。

本書はそのフォローという意味合いで出版されたのである。余命ブログにもない資料や新しい情報も入っており、過去ログにとらわれずに切り口を変えて読みやすくしている。「覚醒」から程遠い日本人にも対応した「入門書」「拡散に使いやすい本」になるよう心掛けたつもりだ。

前著が発売された時には陰湿な出版妨害が展開されたが、本書については現在（２月末）のところ出版妨害は確認されておらず、すでに各書店で予約受付が開始されている。余命包囲網はすでに崩壊し、風穴が空いているのだ。

官邸メールや外患罪の適用事案、弁護士関連の問題など、紙幅の都合で触れることができなかったテーマも多々あるが、それらについては余命ブログの過去ログをお読みいただくか、もしくは現在鋭意執筆中の次回作をお待ちいただければ幸いである。

本書でも取り上げた「花王文書」の件は、今後の不買運動に連動することになる。今年３月には反日メディアに対する運動を始める予定だ。ブログの更新に専念できる状況になったので、現在は１日に２本程度は出稿が可能となっている。また「余命三年時事日記ミラーサイト」では官邸メールなどに加えて、米国メール作戦も始まっている。メールの送信が可能なのは今のところ「共和党全国委員会」「共和党知事協会」「米国上院外交委員会」「ＣＮＮ」「ワシントンポスト」の５つであるが、徐々に増やしていく予定である。

余命三年時事日記ミラーサイト
http://quasi-stellar.appspot.com/miscMail.html

本書を読めば、今、日本がいかに危険な状況であるかわかるはずだ。そして相手は友好も協調も不可能な連中なのだから、日本と日本国民を守るために想定されるあらゆる有事に備えなければならない。そのためにもまずは日本の現状を全国民に知ってもらう必要がある。
本書が少しでも、そのお役に立てればと願っている。

平成28年2月

余命プロジェクトチーム

初代余命三年プロフィール

HN は「かず」。中国語、ロシア語の会話・読み書きとも堪能な父とソウル生まれソウル育ちで朝鮮語と中国語が得意であった母との間に満州で生まれ、育つ。平成25年没。一族には海外在住者も多く、公務員、医師、教師、自営業と職業もさまざまであるが政治家だけはいなかった。また一族には、ブログ開始当時大学生以下 18 人の子供もいた。現在ブログは、余命プロジェクトチームが引き継いでいる。

余命三年時事日記ハンドブック

平成 28 年 3 月 17 日　初版発行

著　　者　余命プロジェクトチーム
発 行 人　蟹江　磐彦
発 行 所　株式会社 青林堂
〒150-0002 東京都渋谷区渋谷3-7-6
電話 03-5468-7769
印 刷 所　美研プリンティング株式会社

ISBN978-4-7926-0544-5　C0030

http://www.garo.co.jp